智者足跡

跨越時間和地域的教育之旅

民族領袖 × 至聖先師 × 西方哲學奠基者 × 現代學前教育鼻祖

從古至今的知識追尋，遍訪不可遺忘的歷史啟蒙者！

阿爾伯特‧哈伯德 著

孔謐 譯

Little Journeys to the Homes of Great Teachers

從古埃及的摩西到古希臘的畢達哥拉斯和柏拉圖，
再到歐洲的伊拉斯莫斯和阿佛烈大帝……

- -

深入歷史背景和思想解析，且看教育跨越時間影響世界

目錄

出版者言

　　阿爾伯特‧哈伯德已經去世，或許我們應該說，他順著他那偉大的小旅程走向了來世。然而他的智慧已在這個時代扎根、成長，永遠鮮活，為後人銘記。

　　為了使今天這些阿爾伯特‧哈伯德的經典之作能夠面世，我們已準備了十四年。從 1894 年，《拜訪世界名人之旅》（*Little Journeys to the Homes of the Great*）這套叢書開始寫作起，這十四年來的每個月，我們都把這些令人景仰的文字奉獻給世界，從無間斷。這些珍寶般的文字已被奉為經典，並將永世流傳。累積下來，共有一百八十篇，帶領我們造訪那些變革了時代、創造了帝國甚至打下文明烙印的人類傑出者。透過哈伯德，這些不朽的豐功偉績和燦爛思想展示在我們面前，並且將在未來世紀中不斷迴響。

　　普魯塔克（Plutarch）曾為希臘與羅馬名人作傳，寫下了四十六部作品，哈伯德的系列作品同樣是關於偉人們，在這個領域，他們倆都取得了無人能及的成就。這些偉大的作品，在現代文明第一縷曙光出現在地平線之前，就已奉獻給了世人。普魯塔克用一個微小的瞬間、一個簡單的詞語，或是一個無傷大雅的俏皮話，就揭示了他筆下傳主的功過是非，古典著作中沒有哪一本可以如此穿越時空，來到我們身邊，也沒有哪一本給予世界領袖人物如此重大的影響。誰能夠數清楚，有多少傳記是以這樣的方式開頭：「在他年輕時，我們的主人公總是閱讀普魯塔克的《希臘羅馬名人傳》……」愛默生曾說：「所有的歷史都很容易被分解為一些勇敢堅定、

熱誠認真的人物的傳記。」他在說這句話的時候一定想到了普魯塔克的傳記 —— 它塑造了二十世紀這些偉人。

普魯塔克生活在聖保羅時期，他記載了早期的希臘人與羅馬人。兩千年後，哈伯德出現了，他的作品宛如一座直通古雅典的橋梁，把伯里克里斯（Pericles）的黃金時代與愛迪生的美國時代連接起來。他運用他的生花妙筆，造訪了諸多已逝的大師，並激發出如泉湧般的靈感。

休‧查莫斯曾經評論道，若他要做一本關於美國的藍皮書，他可能會把阿爾伯特‧哈伯德的著作表印刷出來即可。無論我們是否贊同這個權威的觀點，但這位不朽的人物在他的一生中，與任何其他美國作家相比，他那枝奇妙的筆，確實激勵了更多的出類拔萃的心靈。優秀的作家研究揣摩哈伯德的風格技巧：無數人在疲憊的工作之餘，打開他的書，尋覓智慧的火花。說實在的，此君揮舞著他的筆，如同天使揮舞著神杖。

他不僅作為一名作家顯示出讓我們讚嘆景仰的才華，在其他領域也非常出色。他一手創立的羅伊克洛夫特連鎖店，反映了美國最有能力、最敏銳的商人所能達到的成就與聲望。整個行業都將看到，哈伯德身為創立者，為羅伊克洛夫特帶來了高度原則性與系統性，從而具備了強大的實用性。這不僅能從書籍印刷中體現，更能從他傾注了心血的平臺上體現。在此，我敢說，身為一位公共演說家，他比其他同行吸引了更多的聽眾，鼓舞了更多的人。有人曾驚訝地問，這個非凡的人，從哪裡得到這麼多靈感，來完成他偉大的著作？這裡面沒有祕密。它源自他對那些卓越前人的崇敬與追隨。並且，和普魯塔克一樣，這些小傳記是作者的一樁個人收益，是他對激發出這些作品的高尚情操與靈感的一個總結。

隨著哈伯德令人悲傷的去世，東奧若拉區宣布《腓力斯人》雜誌停

刊。哈伯德已經離去，踏上了長長的旅程，也許他也需要他的《腓力斯人》伴隨他同行。再說，還有誰能接過他的筆呢？這種告別，也算晚輩對長輩最好的紀念吧。

同樣的熱忱，也促使了羅伊克洛夫特成員發行了《拜訪世界名人之旅》的紀念版。再沒有更好的方法可以貼切地表達他們對這位創立者的追思，因為這套書對他的智慧成型，有著無與倫比的影響力。如果他能回眸一看的話，必會為此點頭稱許。若需要建一座紀念館的話，不妨讓這套書造福人類吧，他一定會非常樂意與我們分享，因為，正是同樣的歷程，激發了他的靈感。

第一章
摩西

神對摩西說：「我是自有永有的。」又說：「你要對以色列人說：『那自有的打發我到你們這裡來。』」神又對摩西說：「你要對以色列人這樣說：『耶和華 —— 你們祖宗的神，就是亞伯拉罕的神、以撒的神、雅各的神，派我到你們這裡來。』耶和華是我的名，直到永遠；這也是我的紀念，直到萬代。」

—— 《出埃及記》（*Exodus*）3 章 14、15 節

摩西是世間第一個偉大的導師。直到今天他仍是世間最偉大的導師之一。有七百萬人還會參照他的法典來制定日常的行為準則，有超過兩百萬的人還在閱讀他的書籍，並視它們如《聖經》。

摩西並沒有教導過身後之事 —— 他從來沒有做過任何關於不朽的暗示，他的所有獎罰都針對當下而定。摩西並不知曉，是否在死後好人會升天，壞人會下地獄。

摩西的法典為「現在」和「此地」而制定。許多法規即使在今天都是正確並適用的，然而這部法典距今已超過三千年之久。摩西通曉生理學、衛生學以及衛生系統。他懂得保持清潔、有序、和諧、勤奮以及好習慣的益處。他還懂得心理學，或者說是精神科學。他了解影響人性的東西、普通智商水準的局限性，以及政府的方案和措施哪些可以實現、哪些無法。

他是個實幹家，善於審時度勢。他總是盡其所能，向他的人民傳授他們願意並能夠相信的東西。《創世記》（*Genesis*）就是一本極其簡單易懂的書。

摩西所面對的不是哲學問題，也不是相對或絕對真理的問題，他面對的是實際的問題。他的法律是為人民的日常準則而設定的，同時這些規定也是他們能夠接受的。

學習摩西的著作是一件非常簡單的事情，它們早已被翻譯成多國語言，代代相傳。在流傳於世的 33 個世紀中，它們被各個國家的天真、無知及迷信披上了繽紛的色彩，於是各種曲解也不斷出現。我們對這個記錄著夢想、希望以及猜想的作者有著至高無上的敬意，他的作品扎實地建立在嚴格的公正之上。而這些「曲解」則存在於一些人的頭腦中，他們面對著幾十個世紀不斷累積的知識，卻仍舊堅持認為遠古時代的作品，才是絕對的真理。

在去世後的數百年裡，沒有任何導師能夠匹及他的獨創性和洞察力。

摩西的生活年代是西元前 1400 年。

在他之後建立了一系列行為指導準則的人是七百年後的梭倫（Solon）[001]。再之後才有瑣羅亞斯德（Zoroaster）[002]、孔子、佛陀、老子、伯里克里斯（Pericles）[003]、蘇格拉底以及亞里斯多德 —— 這些同時代或年代相近的偉人，他們的哲學彼此融會交織，彼此互相影響。

可是摩西卻如此傑出超群。他不像生活在一千年後的亞里斯多德那樣懂得自然歷史，但這卻絲毫不會影響他的名聲，而且這也不是重點所在。

這一切全都基於一個不爭的事實：摩西帶領野蠻人擺脫了囚禁，他的想法和人格深深地刻在了人們的心裡，直到今天，人們還堅持認為他是一個卓爾不群的人。他建立了一個國家，他是文明世界的第一個作家。

摩西是戰士、外交官、執行官、作家、導師、預言家以及石匠。除此以外他還是一個農夫 —— 一個勞動者，一個四十歲時還靠照看牛羊為生的人。每種戶外生活的每個階段他都瞭若指掌。而他的偉大之處就在於：

---

[001] 雅典立法者，議員。

[002] 拜火教的創始者。

[003] 古代雅典民主政治的傑出代表，著名的政治家。

他的理想和抱負遠遠超越了他所取得的成就，最後他竟認為自己失敗了。讓人歡欣鼓舞的成功似乎總是如此廉價而又短暫。所有偉大的導師都認為自己是失敗的 —— 他們所設定的目標遠遠超越了他們所能到達的地方。

所有的古代紀事一般都可以很簡單地劃分為三個部分：神話、傳奇以及最貼近事實的故事。

如果想了解歷史，對於心理學和語言學的掌握是必不可少的。

因為一點瑕疵就全盤否定的做法，和過於信任全盤照收的做法一樣不可取。完全沒有必要摒棄神話故事或否定傳說。當然，也沒有必要把神話說得像真的一樣，或是把傳說寫成事實。一件事可能在神話裡是真的，但在現實生活中並不存在，而能夠區分兩者並將其擺在正確位置上的，就是智慧之光。

不過，如果一組理智、富洞察力、聰明而且公正的陪審團成員，要求我們描述一下摩西這個人，並證明為什麼他值得被全人類銘記的話，我們就不得不擯除神話，擺脫爭論的影響，謹慎地評判過去，在公正理智的記錄中為我們的論點尋求依據。

相關的專業人員早在開始對他們所謂的神話中的可信部分進行調查之前就做出了結論，所以我們在接受這些觀點時要尤為注意。對他們來說，如果這個結論不在其所學的範圍之內，那他們不僅會失去社會地位，還會丟了飯碗。也許真相最終來自於那些沒有起誓說他們至死不渝的人，即使他們偶爾沒有贊同大眾的想法，那也無可厚非。

在英格索爾（Robert Ingersoll）上校[004] 發表了著名的演講《摩西的一些錯誤》（*Some Mistakes of Moses*）後，有一次一家當地的俱樂部邀請他出席

---

[004]　美國法學家、演講家、律師，不可知論的宣導者。

一次非正式的 AA 制餐會，在會上一位年輕的律師十分大膽地對這位演講家說道：「英格索爾上校，您是一位熱愛自由的人，您讓自由這個詞變得更加廣闊。所有偉人都熱愛自由。身為解放者和立法者的摩西，在某種程度上和您是同行。如果您能在不全盤否定他所有美德的前提下，指出他的錯誤，那樣豈不是可以顯示出您的高尚和慷慨嗎？」

英格索爾上校認真地傾聽了他的話——他對這個問題的公正性頗感興趣。他聽過後停頓了一下，然後回答道：「年輕人，你說得很有道理。除了他的錯誤，你對所有關於摩西偉大之處的意見都是十分正確的。問題在於，你並不理解我在這裡所處的位置。你似乎忘了，我並不是來為摩西辯護的。維護他的人有兩百多萬，但我是站在反方的！」

和英格索爾上校一樣，我也不是來為摩西辯護的。我希望對他進行合理、清晰並且公正的描述，我將盡力不偏不倚，僅僅只是試圖描繪出他存在時的樣子，不去隱瞞什麼，也不會心存惡意。基於州檢察官更想保護被告而不是起訴他，在這裡我也會盡量講述摩西好的一面，而不是揪出他的錯誤，嘲笑他的無知。謙虛，也就是自我主義的表裡倒置，或許會在這裡說：「哦，摩西在如今這個時代根本不需要任何辯護！」但摩西和所有偉大的人一樣，都遭遇過朋友的背叛。雖然這個男人曾手握無人能及的至高權力。

摩西生活在三千三百年前。從某種意義上來說，三十三個世紀是非常漫長的。任何事情都是相對而言的——在小孩子眼裡，五十五歲的人就已經「非常老」了。我見過許多活了一百年的人，他們並不覺得一個世紀有多麼漫長。他們之中的一位對我說：「三十五年根本就不算什麼。」

從地質學的角度來看，三十三個世紀只是轉瞬即逝。它並沒有將我們

帶回石器時代，那時人們還在如今的內布拉斯加州捕捉長毛的猛獁象；它也沒能讓我們瞥見多麼遙遠的未來，那時熱帶的動物、植物甚至人類都將在北極生活繁育。

在摩西的年代，埃及文明已經興盛了三千多年。埃及當時處於衰亡初期，正在走向沒落，最優秀的公民都居住在城市裡，這帶來了惡性循環。她經歷了野人、半開化、游牧以及農業時期，依靠不勞而獲過活，這其中有一部分是以色列人的勞動成果。和今天的我們一樣，摩西看到在他出生一千多年前就建好的金字塔時，也好奇地問是誰建造了它們。他等待著斯芬克斯（Sphinx）的答案，但從始至今，她一直都那麼安靜。按照人們的推測，摩西帶領以色列人出埃及大致發生在大法老麥倫普塔（Merneptah）統治時期，或是 19 世紀埃及王朝時期，西元前 1400 年。最新發現的碑銘顯示，先知約瑟（Joseph）[005] 在麥倫普塔統治時期就住在埃及。

在法老統治的年代，埃及是地球上文明程度最高的國家。它擁有廣闊的運河體系、有組織的軍隊、良好的藝術品味，以及頗有能力的工程師和建築師。人們認同、讚賞並討論哲學、詩歌和倫理道德。

幾百年以來，政府一直靠儲存穀物來抗擊饑荒，這種方式頗見成效。人們還建造了積貨城來防止火災、偷盜或是自然災害。遠見、節儉、謹慎、智慧都在各盡所能，發揮著自己的作用 —— 埃及人並不是野蠻人。

就在摩西出生的五百年前，阿拉伯住著一位十分強大的族長或者說是首領，他的名字叫亞伯拉罕（Abraham）。此人受一位人所共知的神（或者說是引導者、保護人）的庇護，祂的名字叫雅威（或耶和華）。所有的沙漠

---

[005] 先知約瑟是雅各（Jacob）（或以色列）的第十一個孩子。他被他的哥哥們賣到了埃及，在給埃及法老解夢之後，他做了埃及的丞相。隨後有七年的大饑荒，以色列及其家族都去了埃及。之後摩西帶領以色列人出了埃及。回到迦南地並占領那裡，並將迦南地分給了以色列的十二個族。

部落都有這樣的守護神，而所有的守護神都曾是擁有強大力量的凡人。在很多偉人的心中都有一些自己特別信奉的神：蘇格拉底向他的「魔鬼」尋求指引；地米斯托克利（Themistocles）[006] 遵循神諭；美國的一位總統曾拜訪過一位有預見能力的人，他同意為總統和超自然能力充當媒介。這種想法是祖先崇拜的一種變體，但一直延續至今。許多人直到認為自己受到了莎士比亞（William Shakespeare）、愛默生、比徹（Henry Beecher）[007] 或是菲利普斯‧布魯克斯（Phillips Brooks）[008] 的指引時，才開始投資；這些人還相信，這世上也存在著人類看不見的惡神。

亞伯拉罕受到了耶和華的指引。他做了耶和華讓他去做的事。當耶和華告訴他停止或改變計畫時，他就遵從。耶和華許諾會賜予他很多東西，其中一些許諾已經兌現。

是否這些守護神或掌控世人的神靈在信奉者的現實生活中有著實體存在，或者他們只不過是潛意識幻影中的畫卷而已 —— 這並不是我們現在要討論的問題。後世的人們要知道的事情就是：天意也要依靠誠摯且聰明的人去實現。

亞伯拉罕有個兒子叫以撒（Isaac）。以撒是雅各（或以色列）的父親。雅各因成功地使天使摔了一跤而被稱為「神的戰士」。雅各有十二個兒子。這些人全都信奉部落之神耶和華，但與此同時也相信鄰近部落的神是存在的，不過他們深深地質疑這些神的能力和誠信，不願意和這些神產生任何瓜葛。他們只向自己的神祈禱，尋求祂的支持。他們是耶和華選出的人，就像太陽神選擇了巴比倫人、伊絲塔女神選擇了迦南人、基抹選擇了

---

[006]　古希臘傑出的政治家。
[007]　美國牧師及演講家。
[008]　美國知名作家。

摩押人、臨門選擇了阿莫尼特人一樣。

約瑟是雅各最喜歡的兒子，因此他的兄弟們都很嫉妒他。有一天他們竟把他賣給了一支路過的商隊做奴隸，然後回家對父親說這個男孩被野獸殺死了。為了讓父親相信，他們還在約瑟的衣服上塗滿了羊血，拿給父親看。如今，這樣的衣服會被送到化學實驗室來檢測上面的血跡。但在當時，雅各相信了這個故事，並對兒子的死感到非常悲痛。

於是約瑟被帶到了埃及，在那裡他透過自己的智慧和勤奮獲得了一定的聲望，而最後他的兄弟在自己的土地上遭受饑荒，忍飢挨餓，都去找他乞求食物。這是所有文學作品中最為優美的篇章。這個民間傳說和神話不同，它在現實中有據可尋。

對我們來說這是一段毫無爭議的歷史，它的發生也是如此地自然，即使是在現今，世界各地也都會上演這種故事，它顯示了人類延續至今的共同天性。

約瑟的功成名就吸引他的兄弟和一些鄰居來到了埃及，那裡的牧草和水都比他們家鄉的好，於是他們在那裡定居了。《聖經》上記載著這七十位移居者的名字。

這些移居者被稱為以色列人（或以色列的子民），他們就是三百年後在摩西的帶領下擺脫奴役的人。

有一件事看起來是毋庸置疑的，他們在那時都是獨一無二的子民，血管中流淌著驕傲的沙漠之血。他們離群索居，從不和埃及人結伴。他們擁有自己的神，保持著獨有的生活方式和習慣。

《出埃及記》的第一章十分簡單地描述了當時的兩個產婆：「一個叫施弗拉（Shiphrah），一個叫普阿（Puah）。」這些名字和《雷默斯叔叔》（*Uncle*

Remus）^[009]的故事一樣，讓一切看起來都更加真實，但卻無從考證，因為孩子們總是想知道角色的名字。這兩個產婆接受了埃及國王 —— 兩千萬人的統治者私下的賄賂。國王讓她們殺死所有新出生的希伯來男孩。然後書中又記載道約瑟很討這兩個希伯來女人的喜歡，於是她們欺瞞了主子，而耶和華也贈予了她們房子作為回報。

殺死希伯來新生兒的命令在當時肯定沒有得到執行，即使真有的話，也只是在摩西出生的那個時期而已。因為很顯然，比摩西大三歲的亞倫（Aaron），並沒有被殺死。

摩西的身世至今還是個謎，他到底是以色列人的孩子，還是法老女兒和以色列人生下的孩子，至今仍無從得知。皇室家族一般不會收養身分不明的孤兒，也不會將其視為己出般地撫養成人，而且如果這個孤兒還是他們眼中的劣等人種，那就更不可能發生這種事情了。只有母愛才能打破這種等級排斥和藐視偏見。如果法老，更準確地說是「這位法老」的女兒就是摩西的母親，那麼比起利未人^[010]的女兒，她更有理由將他藏在紙莎草^[011]中。殺死這些有用的做工者這個命令，是非常值得懷疑的。以色列人的手藝和能力為埃及人帶來了極大的收益，他們只會希望有更多的以色列人存在。

從這段描述上看，當時只有兩個產婆以及數百名以色列人 —— 至多也就一兩千而已。

---

[009] 非裔美國民間故事集中的虛構人物。

[010] 利未（Levi）的後代，雅各的第三個兒子。摩西來自利未部落，在摩西的律法下該部落的人被神指派從事祭司的工作。他們沒有被分配到迦南地，只被分配到了城市。

[011] 一種貌似蘆葦的水生草本植物，高達 2 公尺以上，與荷花（埃及的象徵）和椰棗樹（埃及人重要的食物來源）一樣，受古埃及人崇拜。埃及人認為。紙莎草頂部的細纓象徵著太陽的光輝。而三棱狀的截面則昭示著金字塔。紙莎草的韌性極好，古埃及人除了用它來造紙之外，還用它來織席、編筐，甚至是造船和蓋房子。

我們還是將摩西童年的傳說放到一邊為好，因為為了讓故事一直能夠引人入勝，裡面摻雜了太多的神話。我們現在知道他由埃及人撫養長大，是法老女兒的兒子，他的名字也是她取的。

猶太哲學家斐羅（Philo）及史學家約瑟夫斯（Josephus）描述了摩西各種不同的生活和性格側影。《米德拉什》（*The Midrash*）[012] 或稱《聖經注釋書》中的「猶太人的歷史」部分在二十多個世紀裡被許多人編纂、增改或是修訂過，這也使得它們愈來愈厚重，但這些文字的價值還有待考量。

埃及人對摩西和以色列的描述都是用希臘語寫成的，理所當然這其中不會有什麼讚美之詞。摩西或是他們口中的奧薩西夫（Osarsiph），是一個煽動者、一位不歡迎的公民、一個想要推翻政府的反動分子。他在失敗後和幾百名亡命之徒逃向了沙漠，千方百計地抵抗前來捉拿他們的軍隊。這些難民的數量逐漸增多，他們在有組織天賦的摩西的帶領下，構建了一個強大的部落。

摩西是他們至高無上的統治者。他發明了一種宗教儀式來更好地管理這些子民，並讓他們幾乎擯棄了其他所有的神，牢牢地記住了他的神耶和華，毫無疑問這讓他們虔誠地凝聚在了一起。無論摩西為何叛亂，或是誰應對此負責，有一個事實是無可爭辯的：摩西在埃及領導了一場叛亂，在出埃及時跟隨他的人構成了希伯來國家的核心力量。進一步說，無需置疑，摩西的人格就是建立這個國家最為主要的制勝因素。這個男人強大的能力、泰然自若的信心、持之以恆的耐心以及堅定不移的自立都顯現在他對神耶和華虔誠不渝的信仰中。這些都是無可爭辯的事實。成事在於人為。

---

[012]　希伯來語。「解釋」、「闡述」之意。猶太教講解《舊約聖經》的布道書卷。

以色列人在埃及的地位就是無償的奴僕，在封建君主的統治下過活。他們自願來到埃及，但卻從沒有享受過公民應享有的各項權利。毫無疑問，埃及人的這種排斥行為使以色列子民的宗教信仰更具凝聚力，且從另一方面來說，以色列人驕傲和排他的天性也讓他們無法和這塊土地的主人們成為朋友。

埃及人十分滿足於現狀，他們從來沒有像戰時交易奴隸那樣對以色列人進行買賣。他們把以色列人當作文員、壯丁及僕人使喚，給他們一些固定的薪資，也要求他們用額外的體力勞動來抵消稅收。換句話說，以色列人就是在做義工，這無疑是非常過分的。許多年以後，雅典和羅馬也有了類似的「奴隸」，這當中的一些人有著非凡的智慧。讀一下有關現代經濟的著作，你就會看到在美國，工薪階層經常被稱為「奴隸」或是「奴僕」，而這些詞語也讓歷史學家深感困惑。

摩西在宮廷之家長大，對埃及所有的知識耳熟能詳。我們可以推斷他看起來也很像埃及人，因為據說他對以色列人來說是一個陌生人，他們第一次看到他時立即就走開了，並稱他是「那個埃及人」。他英俊、威嚴、沉靜而且語速緩慢，是一個可靠的人，也是一個強大的指導者。他無疑是埃及宮廷裡最有價值的人。雖然他名義上是個埃及人，和他們生活在一起，遵循他們的風俗習慣，但他看到在政府重壓下的「他的同胞」——以色列人受到了傷害，他的心是和他們在一起的。

摩西知道，不為人民造福的政府是無需存在的。有一次他到自己的同胞中去，看到一個埃及工頭正在鞭打以色列工人，他憤怒地挺身而出，殺死了這個施暴者。只有兩個希伯來人看到了這個場面。第二天摩西試圖勸解這兩個正在爭吵的希伯來人。他們嘲弄地對他說道：「誰讓你做我們的

首領呢？難道你要殺我們，就像殺那埃及人一樣嗎？」[013]

這讓我們對摩西不得不面對的人們有了一些性格和品行上的了解。這也表明改革家和和平使者並不總是受到歡迎的。改革家最大的敵人並不是埃及人——他也不得不面對以色列人。

有一次我聽勞工勇士特倫斯‧包德利（Terence Powderly）——歷史上最為成功的工會創建者說道：「任何投身於協助勞動人民事業的人都會被他們摧毀。」然後他又說道：「但這不應該妨礙我們盡全力讓他們獲益。」

希伯來人坦稱，殺死希伯來嬰孩的人正是那些假裝照顧希伯來母親的希伯來女人，摩西逃離埃及的起因也是希伯來人，他們做了告密者，讓他在法老面前身敗名裂，性命也受到威脅。

當然，埃及人否認並一直不肯承認法老曾經頒布過殺死嬰孩的法令。他們還表示，以色列人是賺錢的機器，對埃及人來說是有價值的資產。此外，說埃及人用殺死嬰孩的辦法來避免麻煩是非常荒謬的，因為謀殺兒童是點燃仇恨之火、引發暴亂的最佳手段。如果埃及人曾經如此野蠻殘酷地行事，那麼他們所要對抗的不只是以色列的男人，還有那些憤怒的母親。埃及人還不至於愚蠢到要自尋死路，挑戰母愛的狂熱。如此行事將會毀了所有希伯來人的工作效率，因為一個被激怒的傷心人是不會工作的。

當一個人對另一個人感到憤怒時，他就會花更多的時間去想這個人的過錯和缺點。

人們揭竿而起時會立刻拿出一套對目標政府的控訴之詞，列出它的一系列暴行——侮辱、掠奪以及壓迫行為，也就是所謂的政史。《湯姆叔叔的小屋》（*Uncle Tom's Cabin*）就是一份對美國南方既定暴行的起訴書，

[013] 《出埃及記》2：14。

它用一個美好的寓言反映出了南方的姿態。如果一個南方女孩來到北方旅行，當她看到印有「死北軍」一詞的文章時，會天真地以為它是一個新詞。而敵人所作出的描述——無論是個人還是大眾，其中都必會帶有一些灌水的成分。

摩西殺死埃及人後逃向了北方，他來到了東邊米甸人 [014] 的土地上，他們也是阿拉伯人的後裔。那時他已年屆四十，仍舊單身一人，很顯然埃及宮廷的工作占用了他全部的時間。

這是一個小小的浪漫環節，細節部分被一筆帶過。這個疲憊的人在一口水井前停住了腳步，葉忒羅（Jethro）的七個女兒一起來井邊打水餵羊群。這時來了幾個牧羊人，把女孩們給趕走了。這時摩西挺身而出，教育了這些忘記禮貌的人，這讓他們感到十分懊惱和尷尬。這個情節很快就被演員們用到了舞臺上，七個女兒由一群芭蕾舞者扮演，牧羊人是男性合唱隊，摩西在裡面是個男低音及英雄。女孩們回家後對父親講述了這個英勇的陌生人的故事，於是父親帶著敬重之情請摩西去家裡吃飯。

很自然的，摩西娶了其中一位女孩。

於是摩西照看著岳父葉忒羅的羊群，他帶領牧群去野外，和牠們一起生活，餐風露宿。

葉忒羅是部落當時的首領，摩西稱他為「祭司」，不過和所有阿拉伯首領一樣，他只是偶爾才充當祭司的角色。

神職起源於埃及。在以色列人來到歌珊地 [015] 之前，「家祭」或者說是聖器用品都歸家庭所有，由部落的首領來進行宗教儀式，撫慰家庭的守

---

[014] 《聖經》中記載的一個阿拉伯游牧部落。
[015] 出埃及前以色列人所居住的埃及北部肥沃的牧羊地。

護神，他也可以指派某人來替他完成這個任務。部落的首領被稱做「科恩」，協助他的人被稱做「李維」。將李維變成一項職業的這個想法來自埃及人，他們將眾人排除在外，壟斷性地處理與神祕相關的事宜。摩西稱自己是一位李維，或是利未。

習慣了忙碌的摩西無法專注於牧羊人單調乏味的生活。很可能就是在那時他寫下了世界上第一部戲劇，也是《聖經》最早的一部著作——《約伯記》（Job）。摩西躊躇滿志，很自然地，他向以色列的神祈禱，神傾聽了他的祈禱，並開口和他說話。

寂靜、孤獨、壯麗的山脈、閃閃發亮的無邊沙漠、漫長寂靜的夜晚，所有的這一切都會導致幻覺。牧羊人總是處於精神失常的危險之中。人們需要獨處，但也需要社交。

摩西和上帝說過話之後，就一直很想見到祂。有一天，上帝在燃燒的荊棘樹中呼叫他：「摩西，摩西！」

摩西回答：「我在這裡！」

摩西是一個天生的領導者——他是人民的領袖，習慣了這種生活的他突然在二十五年後的中年時期失去了自己的地位。他渴望見到自己的子民，他知道他們過得十分不幸，想要帶領他們走出奴役。埃及的統治者正在讓以色列人受苦。拉美西斯二世（Ramesses II）是一個狂熱的建築者，他永遠都在建造花園、挖鑿運河、鋪設道路、修葺房屋、興建宮殿以及建造神像。他是一個工作狂，並迫使每個人都去工作。摩西所從事的就是這樣永無止境的繁雜工作，他帶著極大的熱情投入其中，但同時他也知道這種忙碌的習慣有些誇張，它的信徒很可能也會深受其害。不僅如此，這種奔忙的生活能將自由人變成農奴，將農奴變成奴隸。

拉美西斯去世後，驕傲自大、愛慕虛榮、暴躁自私的麥倫普塔登上了王位。以色列人民的生活從此變得更加悲慘！

摩西越想越覺得，重回埃及帶領他的子民擺脫奴役就是他的責任，他對此深信不疑。事情變得十分棘手，他已經丟掉了埃及宮廷中的地位，但他將奪回一切，並讓事態比從前更好！

他聽到了那個「聲音」！所有強大的人都會聽到呼喚他們的「聲音」。傾聽你內心的聲音，去做你想做的事情吧。

「摩西，摩西！」

摩西回答：「主啊，我在這裡。」

直到現在，摩西的法典仍在影響著世界，包括正統猶太教徒在內的人都會遵守這些戒律。我們遵守那些適合我們的，略過那些不是為我們而定的戒律。事實上，大多數國家的公民法律都禁止許多摩西要求做的事情。比如說，《出埃及記》22 章 18 節裡說道：「行邪術的女人，不可容她存活。」很顯然，無論是猶太律師還是拉比 [016]，都不會提倡殺死可能是女巫的人。我們的解釋是，在這個例子裡，這位有創造力的作者出了一點小差錯，反映出了他那個年代的無知。或者我們也可以認為，不同的作者和譯者都曾篡改過原文 —— 這是必然的，因為摩西所寫的這本書還記載了他自己的死亡。

但當發現摩西要求我們讓敵人受益時，我們的確可以說，這是首部向我們展示了人類同胞情誼的文學作品。

「不可收受賄賂，因為賄賂會讓明眼人變瞎，也會顛倒黑白。」 [017] 這

---

[016]　猶太學者尊稱。

[017]　《出埃及記》23：8。

就是我們的智慧之源。我們還可以發現許多這種優秀正確的篇章，它們無可指摘地向我們證明了摩西就是時代的一部分，而這種說法對任何逝者或生者來說，都是一項至高無上的榮譽。

在心存疑問時猶太人會轉向《摩西五經》（*Torah*），亦稱《律法書》來尋求幫助。這本書由拉比或博學的人進行闡述，以便應對生活中的各種緊急情況。它被篡改，並被增加了許多內容。人們並沒有經過商議討論就擅自篡改了這些內容。當然，這些都是祕密地進行的，因為精神領袖的法令只有在他們死後才會被大多數人接受。活著的時候他們多少都會有些礙眼，尤其當他們只是個普通人而沒有身居高位時，更是如此。

摩西在世時反對他的聲音就此起彼伏。反對者指責他帶領他們來到了使其毀滅的沙漠。為了擺脫這些無休止的爭吵和責備，摩西還曾獨自進入山中，以求平靜。在那裡他和神進行交流。眾神最後結合成為一個至高無上的神，無處不在，統領世界，這無疑是一個偉大的進步。比起擁有數十個小神的嫉妒、煩擾、恐懼、自誇、大驚小怪，把手杖變成大蛇或是做一些其他無用的事情來說，擁有一個最高神明是一個大大的進步。這是一個不帶偏見的神，是愛與公正之神。「讓我們在祂所造的萬物中，成為初熟的果子。」[018] 神的概念逐漸變得高貴起來，這顯示人類的本性也在逐漸高貴。幾年前，魔鬼還一直與上帝為敵，但現在魔鬼只是個笑話罷了。直到摩西的時代，西奈 [019] 之神還是希伯來子民唯一的神，他的聲音充滿狂怒和妒忌，所有的特質都讓他成為了一個野蠻的首領。他甚至還讓自己的兒子和僕人跟大地的女兒戀愛。

很有可能上帝──區別於眾神之中的一個神的這個想法，只是摩西

---

[018]《雅各書》（*James*）1：15。

[019]《聖經》上記載的上帝授摩西十誡之處。

頭腦中逐漸成熟的一個想法。這個想法逐漸壯大，摩西也隨之成長起來。

然後上帝成為了一個神靈，而神靈是由自然、簡單和美好演變而來的。

關於天使、魔鬼以及加百列（Gabriel）和聖靈這樣的信使一直圍繞在上帝寶座旁的想法，來自君主統治下的宮廷。三位一體[020]就是改良版的寡頭統治，而用自己的一個兒子替代所有觸犯君主的人獻祭的故事，就是黑暗的愚昧時期故事的加工再現，那時所有的國家都想平息狂怒的上帝給人們帶來的死亡威脅。

上帝對我們來說就是神靈，他了解每一處自然的演變。我們是自然的一部分——我們同樣也是神靈。當摩西命令他的人將敵人走失的動物歸還給牠們的主人時，我們看到了一個偉大的人，他正努力讓人們透過認知神靈的戒律來造福人類。我們都是一家人——即使互為敵人，我們也不能彼此錯怪，彼此傷害。

在經歷了數千次的戰爭、家庭及部落衝突之後，如今我們有了一些強大的聯邦政府或國家。如果它們之中的某個國家對其中一個開戰，那麼它很快就會面對一個更強大的敵手。世界一統的想法已逐漸成形——必須存在一個最高的仲裁人。耗費巨大金錢血肉刺痛我們的戰爭，必須消失，就像我們需要安置煩擾、刺耳、嫉妒的眾神一樣。同樣，悲憫的世界將那些沙皇、皇帝、國王、大公、以及所謂的民主制下貪婪的受賄者們，和所有遮天蔽日的祭司幻象一起被丟到垃圾堆中。神祇已經消失，但人類仍屹立不倒。

---

[020] 在基督教裡，三位一體（或稱三位一神或三一神或神聖三一），是指聖父、聖子、聖靈（天主教稱呼聖靈為聖神，東正教和新教都稱呼為聖靈）為同一本體（或本性）、三個不同的位格，三位格為同一本質。

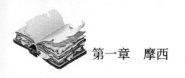

降臨在埃及人身上的自然災害極大地影響了他們的生活，乾旱、洪水、蚊蠅、蝨子、青蛙、疾病蜂擁而至。於是以色列人宣稱，這些就是他們的守護神給埃及人的懲罰。我想起小時候認識的一個農夫，鄰居們都說他是個異教徒。他有一次站在門口時被閃電擊中，當場死去。在禮拜天之前，這個男人還在田地裡工作，就在死之前他還說了「該死」或其他什麼不好的話。我們的牧師詳盡地解釋道這個男人的死是一場「審判」。而不久之後，我們的教堂也被閃電擊中了，但人們卻認為，那只是一場意外。

無知和迷信的人們經常認為異象有特別的含義。1885 年堪薩斯州遭遇蚱蜢災害時，我聽到一個來自南部的虔誠的男人稱，這是對堪薩斯州廢奴支持者老約翰·布朗（John Brown）的懲罰。第二年，棉鈴象鼻蟲災毀了棉花作物的收成，北方的某些牧師自認為知道個中原委，於是他們宣稱這是上帝因為奴隸制所產生的怒氣。

我們當今的文化來自希臘、羅馬以及猶太這三個國家。柏修斯（Perseus）[021]、羅穆盧斯（Romulus）[022] 以及摩西的生活中充滿了奇蹟。但如果我們認可一件超自然的事物，那我們就要全盤接受。而這三個國家之中哪一個能帶給我們最多的福祉，主要由性格決定。但就目前而言，希臘之星似乎占了優勢，因為我們在藝術之中尋求安慰。希臘代表藝術，羅馬代表征服，而猶太代表宗教。

摩西是愛美之人，他所做的就是訓練他的子民按照自己的道德學說來行事。事實上，他的道德理念非常合理實用——足以用現代的科學理念

---

[021]　宙斯和達妮（Danae）的兒子，功勳卓著的著名英雄，騎在有雙翼的佩加索斯馬上，砍掉了怪物梅杜莎的頭並把它獻給雅典娜。他拯救並娶了安朵美達（Andromeda），而且成為希臘提林斯國王。

[022]　傳說中的羅馬城創建者。戰神瑪爾斯（Mars）與維斯塔貞女雷亞·西爾維亞（Rhea Silvia）所生的孿生子之一，與其孿生兄弟雷穆斯（Remus）出生後被放於籃子中，遭棄在台伯河，被一母狼發現，得哺乳，後被一牧人家庭撫養成人。

進行解釋。當他想讓他們工作時，他說：「你們的上帝說。」當他想將思想加於他們之上時也是如此。

人們在閱讀《出埃及記》的 26、27 以及 28 章時無一例外地會驚嘆，寫下這些篇章的人無疑是一個工匠大師 —— 一位國王的工匠。在石碑上刻下十條戒律的行為也顯示了他的鑿刻技能。這是他在埃及學到的，在那裡拉美西斯二世迫使數千人從事雕塑和在石頭上雕刻銘文的工作。

《出埃及記》的一些章節可能是由阿爾布雷希特‧杜勒 (Albrecht Durer) [023] 或是威廉‧莫里斯 (William Morris) [024] 執筆寫下的。「不可為自己雕刻偶像」[025] 毫無疑問就在糾正一個當地的錯誤行為 —— 崇拜偶像而不是它所象徵的東西。不參與創造事物的人們很容易淪為這個錯誤的受害者。所有摩西所展示的嚴格意義上的善，都十分合理地說明，他的要求並不是一成不變的。但經歷了如此多動盪的猶太人，似乎已經失去了他們的藝術精神。

當然，猶太人心中的藝術之火從未熄滅，雖然在歲月的磨練下火苗變得暗淡，但只要去和平與安全之地，猶太人就不會停下創造的腳步。歷史的畫卷上寫滿了猶太人的名字，他們為音樂、繪畫、詩歌以及雕塑奉獻了歲月，創造了美。而在許多猶太兒童的身上也可以看到這種天資，他們進入了美國的手工藝以及藝術學校就讀。

藝術有一種崇高的氣質。似乎有時它是在宗教的推動下完成的。而在工作面前畏縮、阻止祈禱和冥想的宗教仍是不成熟的。

---

[023] 德國畫家。

[024] 十九世紀英國著名藝術家。

[025] 《十誡》(*Ten Commandments*) 中的第二條。

　　跟隨摩西出埃及的大概有二三千人。勒南[026]稱從約瑟進入埃及到反叛僅過了一個世紀。可以十分確定的是，向沙漠進發的人數並不是十分龐大。有五十萬的婦女並沒有向鄰居索要珠寶[027]——這個祕密不會一直被隱瞞下去。在摩西和國王的談判中，人們還記得摩西只要求被給予三天的特權，跋涉到曠野之地獻祭。這是一種郊遊或是宗教集會的行為，如果人數眾多，他們就無法參加此類活動。我們還聽說他們在到達以琳後用歌唱表達了感激之情。在那裡「有十二股水泉，七十棵棕樹」。如果真如我們被告知的那樣有幾百萬人，那麼七十棵樹的陰涼對他們來說就是毫無意義的。

　　從埃及的歌珊地到巴勒斯坦的迦南大概有 175 英里[028]，但他們迂迴而行的距離幾乎有 1,000 英里[029]之遠，這段路程花費了他們四十年，因為他們要和試圖阻擋他們前進的敵人們戰鬥。他們也沒有任何快速的代步工具，一年行進的速度大概只有 25 英里[030]。

　　這是一個居無定所的人，處於沙漠中各種大自然所帶來的危險之中，不得不面對經過的土地上暴怒的居民，飽受恐懼、迷信、飢餓、危險和質疑的折磨。到了晚上會有一個人挑著燈籠在前面帶路，白天的車隊則揚起一陣陣沙塵。在一首詩歌中，摩西被比作火柱，而在另一首中，他則被比作雲柱。偶爾暴風雨所帶來的鵪鶉對他們來說就是奇蹟，瑪納[031]所流淌出的白色汁液就是他們的「麵包」，或者說就是他們的食物。

---

[026]　指十九世紀法國哲學家、歷史學家和宗教學家歐尼斯特·勒南（Ernest Renan）。
[027]　《出埃及記》35 章 36 節記載：「以色列人照著摩西的話，向埃及人要金器、銀器和衣裳。」
[028]　約為 282 公里。（1 英里＝ 1.6091 公里）。
[029]　約為 1,609 公里。
[030]　約等於 40 公里。
[031]　一種食物。

那些參與了出埃及的人幾乎都死了，而他們在沙漠出生、在野外長大的子孫們存活了下來。迦南並不像人們形容的那般流淌著奶和蜜。奶和蜜要靠在土地上的勞動才能獲取。摩西知道這一點，並試圖向人們傳授這個偉大的真理。他忠於神的信任。無論經歷多少質疑、艱難、貧窮、誤解，他都心懷偉大理想 —— 他們將去一個更好的地方。

　　最後，無休無止的努力讓他感到疲憊不堪，在一百二十歲時，「他的眼目沒有昏花，精神沒有衰敗。」[032] 因為只有那些長生之人才會活得更好 —— 摩西像往常一樣獨自進入山中去尋求慰藉。他的子民徒然地等待著，但他再也沒有回來。他和他的上帝沉睡在那裡，忘記醒來。他的朝聖已經完成。「至今仍沒有人知道他的墓地在哪裡。」[033]

　　歷史總是不會非常及時地記錄在案 —— 當然在之後也不會如此。在事實、傳統、歌唱、傳說以及民間故事融合成經文聖典之前，數個世紀已經匆匆溜走。但在遙遠過去的迷霧之中，浮現出了一位有著英雄氣概的人 —— 他有著堅強的意志、不懈的活力、偉大的希望、偶爾會畏縮不前但卻永不消逝的信仰。摩西是歷史上第一個為人類爭取權利、尋求自由的人，即使這種對自由的限制來自於他們本身。「以後以色列中再也沒有像摩西一樣的先知，他是耶和華所認識的人。」[034]

---

[032] 《申命記》（*Deuteronomy*）34：7。

[033] 《申命記》34：6。

[034] 《申命記》34：10。

第二章
孔子

「大學之道，在明明德。在親民，在止於至善。知止而後有定，定而後能靜，靜而後能安，安而後能慮，慮而後能得。物有本末，事有終始，知所先後，則近道矣。」

—— 《大學》[035]

中國的人口是四億，占世界的四分之一。

他們能夠做到許多我們做不到的事情，而在我們力所能及的事情中，很少有他們做不到的。但他們仍舊在向我們學習，我們也應該好好地向他們學習。中國現在也有了有軌電車、電話線路、打字機、收銀機以及美國的水管裝置。中國是一個正在從沉睡中醒來的巨人。認為中國已經成了斷壁殘垣的人早已與世界脫節了。

西方再也無法忽視中國了。同樣西方也不能放棄她，也許最好的辦法就是試圖去理解她。

在中國有一個人要比其他人都重要，那就是孔子。他是對中國影響最大的人。人們熱愛並尊重他，將他的話語視為箴言，不斷複述。

在孔子出生的年代裡，一股思潮正橫掃世界 —— 國家充滿動亂，不滿的情緒正在撼動思想的大山。

這正是希臘文化繁榮的前夕。

孔子去世時伯里克里斯只有十七歲。泰美斯（Themis）[036] 正在為他鋪設道路，之後才有了他將希臘提洛斯島嶼財寶帶走的故事，由此才造就了雕刻家菲迪亞斯（Phidias）和帕德嫩神廟[037]。和孔子同時代的人有古希

---

[035] 原文是 *The Annals of Confucius*（《春秋》）。此段話出自《大學》，此處應該是作者有誤。

[036] 希臘司法律與正義的女神。

[037] 帕德嫩神廟被稱為建築史上最完美的多立克柱式廟宇，在伯里克里斯當政時期由他的摯友，政府中最重要的藝術顧問，也是古希臘古典時期最偉大的雕塑家之一的菲迪亞斯構思。從西元前

臘斯巴達的國王列奧尼達（Leonidas）、古希臘雅典將軍米太亞德（Miltia-des）、古代波斯帝國的締造者居魯士大帝（Cyrus the Great）、居魯士之子甘比西斯二世（Cambyses II）、波斯皇帝大流士（Darius the Great）以及大流士之子波斯國王薛西斯（Xerxes I）。緊跟其後的是馬拉松戰役[038]、薩拉米斯之戰[039]以及溫泉關之戰[040]。之後才有佛陀釋迦牟尼、老子、先知以西結（Ezekiel）、先知哈該（Haggai）、先知撒迦利亞（Zechariah）、數學家畢達哥拉斯、古希臘抒情詩人品達（Pindar）、古希臘悲劇詩人艾斯奇勒斯（Aeschylus）以及古希臘詩人阿納克里翁（Anacreon）。

　　中國人的語言和習慣，使得他們與過去的連接比其他國家與過去的連接更為緊密。他們是特殊的子民、被選中的子民，一群特立獨行的人。他們將自己和其他人類分離開來，拋棄了游牧的習慣，築了一堵一百英尺[041]高的城牆來保衛自己，防止敵人入侵，他們安頓下來，建立了一個我們並不了解的龐大帝國。一些歷史學家認為帝國建立時間是在西元前一萬年 —— 這就暫且略過。在我們的歷史學家還對西元前七百五十年的歷史一頭霧水時，出現了一段確鑿可信、對西元前兩千五百年前中國歷史的回憶。

　　以色列人迷了路，中國人守在家中。城牆的劣勢就是在阻擋了野蠻人的同時也關住了自己。但牆上出現了大量的缺口，城牆內的人漸漸地從缺

---

　　477 年開始建造，歷時 15 年完成。

[038]　西元前 490 年發生在馬拉松平原，馬拉松戰役中希臘人打敗了波斯軍隊，希臘指揮官派一名
　　　士兵回雅典報捷。這名士兵一口氣跑了四十多千公尺，回到雅典時，只說了一句：「我們勝利
　　　了！」說完就倒了下去。為了紀念這位英雄，奧運上出現了馬拉松長跑項目。

[039]　西元前 472 年，希臘人與波斯人的薩拉米斯之戰，以波斯人的慘敗告終。

[040]　西元前 480 年，古希臘和波斯帝國之間的戰役。

[041]　約合 30 公尺。

口走了出來，讓數千英里之外的人驚慌地大喊：「黃禍！」[042] 也正是透過這些缺口，以色列人、英格蘭人以及美國人才得以大膽地進駐不信上帝的中國，並做起了生意。

這的確是全新的紀元，只有少數會大膽預言未來的人才能留到最後。

這些描述都來自英格蘭教堂副牧師愛德華・卡本特（Edward Carpenter）。他是華特・惠特曼（Walt Whitman）真摯的朋友及傾慕者，因此他飄洋過海來幫助惠特曼布道人類的民主教義和宗教。

在中國有著一望無際的平原和巨大的河谷，湖畔的遠處是蜿蜒的小山及山脈地區。

巨大的人口在這片土地上扎根，宗族和家庭隨之安定下來。

這是地球上最為多產的土地。園丁或許會說，這是一片布滿奇異作物的富饒土地，種滿了水稻、茶葉、棉花、柑橘和甘蔗。你看到了嗎？這裡有無邊無際的大河和湖泊，以及聳入雲天的懸崖峭壁。

這裡有不計其數的絢爛文明景象：碧綠青翠的稻田、深綠色的柑橘園、修剪過的桑樹、一排排茶樹、一塊塊紅薯、棉花和小麥田，屋簷旁點綴著綠色的小屋，還有竹林和甘蔗叢。

閃著光澤的運河裡，水源源不斷地流淌著，繞過不計其數的小山，層層疊疊地蜿蜒曲折流向低谷和平原。

這是數個世紀累積下來的成果，不計其數的大眾及個人的善舉也一代又一代地延續下去。

三角洲的大運河平坦地伸展開來。它的河道有七百英里 [043] 長，河內

---

[042]　西方誣指所謂來自亞洲的危脅，尤指來自中國的危脅。
[043]　約合 1,127 公里。

遍布船隻。兩岸散落著如繁星點點的村落。

由水牛或人來帶動的鏈泵，將水從坡地上抽出，層層傳遞到一段又一段的運河之中。

綿延不絕的小溪和瀑布不斷流入青翠的谷地和坡地，以及平原上的田地裡。

這裡遍布著零星的岩石和叢林，佛教或耆那教 [044] 的廟宇在樹林中若隱若現。

還有杜鵑花叢以及溫和的野鹿和野雞。

陣陣鐘鳴樂聲傳來 —— 薄暮之夕的雅樂之歌，空氣中彌漫著滿足與和平的氣息。

你可以將這片土地稱為花園，它滿載著作物和花朵。

一個人口眾多的國度。它的人口密度遠遠超過世界上的任何地方，人們在方圓五英畝或六英畝 [045] 大小的土地上摩肩擦踵。這個國家擁有廣闊的土地及大量的集市。

這個國家沒有多少道路，但有著數不清的小徑和水路。

扎根於這片土地的每個家族，都有屬於自己的一塊土地，家族的每個分支要做的事情就是保護代代相傳的田地。

政府可以涉足其中，但只是點到即止。

家族中的每個成員都要為自己犯下的過錯承擔責任。

他們都崇拜祖先，尊重過去和其所認可的信仰，於是偏見和迷信也逐

---

[044] 印度傳統宗教之一，教徒的總數約 400 萬人，「耆那」一詞原意為勝利者或修行完成的人。在漢譯佛典中稱為尼乾外道、無系外道、裸形外道、無慚外道或宿作因論等。

[045] 1 英畝 = 4,046.8 平方公尺。

漸增多。

古老、睿智、樸素的習慣和規矩也代代相傳，直到孔子生活的年代。

這個巨大的集體堅韌不拔──他們是世界上最安穩多產的人群。

朝廷統治著它，但非常溫和，點到即止。

中國的官員不多（四億人口只有約兩萬五千名官員），賦稅甚少（每人大概只收一美元），氏族和家庭擔負起了大部分的執法管理，只留給政府為數不多的事情。

這個十分協調的巨大集體追尋著傳統的行事方式，他們對布告及不相干的條約漠不關心，除非這些告示對他們提出了單獨的表揚。

他們十分尊重文人的言辭及他們的學術作品。

他們也可以接受宗教理論，但也點到即止。

祖祖輩輩的現實生活就是他們牢固的根基，他們立足於現在，團結凝聚在一起。

每個人都早已和最為強大的紐帶──社會團體連接在了一起。他們不需要用天堂的承諾和夢想來恢復信心，尋求安慰。

他們都和大地緊緊相連。報答大地所給予他們的點點滴滴是一項神聖的職責（並不是毫無理性地把廢水排到大海裡）。

在不經意間他們已經看到了天堂之門──在人類的土地上發現了他們自己的天國！

十六世紀後期，西方首次從耶穌會傳教士那裡聽說了孔子的事蹟。事實上，「Confucius」這個拉丁化的名字也是傳教士取的。它的寫法應該是「Kung－Fu－tsze」。

這些傳教士驚異於孔子的偉大，他們極力主張羅馬教廷將他列入基督教的聖人曆[046]中。他們先是從他對世人的教育開始著手，但很快他們就不這樣做了。他們所做的算得上成就的事情就是寫出了基督徒式的讚美詩。

它的開篇如下：

孔子！孔子！

我們偉大的孔子！

前無古人，

後無來者。

孔子！孔子！

我們偉大的孔子！

羅馬認為，這些早期耶穌會對孔子的讚頌，是他們對沒有成功幫助中國所表示的歉意。但之後對中國文學的科學研究證明，耶穌會神父們所宣稱的一切都是真實的。直到今天，孔子也依然和蘇格拉底及其他偉人並肩而立，被人們稱為「世界的拯救者」。

但孔子宣稱他並沒有受到「神的啟示」，他也沒有皈依任何宗教。他只是一個導師，他所教授的知識就是生活的科學 —— 和組成世界的男男女女自然簡單地活在當下，透過改善他們的生活來改善自己的生活。他表示自己對未來一無所知，在超自然方面他也保持沉默，他甚至還指責弟子不該刺探關於天堂的祕密。他從不說「神」，但他對至高智慧 —— 上帝的認知僅限於一個詞的使用，這個詞就是「天」，因為這個詞更多地代表著一個地方，而不是一個人。他經常說起「知天命」、「人能弘道，非道弘人」，以及許多其他這樣類似新思想派的警句名言。

---

[046] 基督教聖人的不完全列表，依基督徒姓名（若有必要的話以姓名中的姓、地名或定語）的首字母順序排列。

　　毫無疑問，這是一個完美的文學大師。他的話以短句和格言的形式呈現，精練、簡潔且押韻。他只寫自己想寫的文字，寥寥幾句就道出了偉大的真理。即使是處於社會最底層或未受過教育的中國人都知道幾百句孔子的警句，他們在日常對話或書寫中仍會引用這些句子，就像受過良好教育的英格蘭人引用《聖經》和莎士比亞的句子一樣。

　　伍外長[047]有一次在美國進行演講時，將孔子與愛默生相提並論。他還列舉了這兩位偉人在許多方面的相同之處。愛默生似乎也是唯一一個能與孔子相提並論的美國人。

　　孔子為世界帶來了簡潔易懂的大智慧，他精練、尖銳、精闢的格言便於記憶，或者說，能讓人銘記於心。

　　子曰：「不憤不啟，不悱不發，舉一隅，不以三隅反，則不復也。」

　　這位真正的語言大師或藝術家的言論中總是或多或少地帶有一些主觀色彩——他的話語中充滿比喻，聽者要自己去領悟這些話語的意思。

　　一句短短的警句之中就蘊藏著一個真理。警句的不便之處就是聰明人總是禁不住去向那些無法理解這些句子的人做出解釋。而解釋本身又很難說明任何事情，結果就是會導致人們的一知半解或是妄加推斷，但孔子的解釋就十分簡單。讓我們再來看看教派。宗教和發明它的人對人們來說都是十分神祕的。在中國居住的人和世界上其他地方的人一樣，也不斷地想要將真理變得具體化。真理是無形的，它應該是可靈活運用的，執著於一項事實是一種迷信行為。孔子是一個自由的交易者。

　　中國的朝廷構成在本質上是封建的。中國由許多個諸侯國組成，每個都由君主或官吏進行管理，統管這些諸侯國的朝廷有名無實，國王是最高

---

[047]　指伍廷芳。清末民初傑出的外交家、法學家。辛亥革命爆發後，任中華民國軍政府外交總長，主持南北議和，達成迫清室退位的協定。

的統治者。諸侯國的權利至上，它們之間可以互相爭戰，或是消失 —— 這都不是什麼費時的事情，它們在幾年後會心滿意足地再次出現，就像離家出走的男孩或發脾氣罷工的莊稼漢一樣。中國人非常有耐心 —— 他們知道時間是治癒一切的良藥，這是西方仍未學到的真理。與個人把他們自己放在保護全人類的位置上相似，諸侯國也會揭竿而起，這需要肩負重大的責任。

當地的君主經常會按照社會契約行事 —— 他只有行為良好才可任職，他的福祉就是人民的福祉。

孔子的父親叔梁紇是這些小國之一的一個官吏，他盡一切可能地去為人民謀福利。叔梁紇七十歲的時候娶了一個十七歲的女孩，生了一個天賦非凡的兒子。男孩三歲的時候父親去世了，養育孩子的擔子完全落在了母親肩上。這是一位非常偉大的母親，她辛勤勞作，艱苦地養活自己和孩子，並沒有寄人籬下，去投奔有錢的親戚。男孩在一個小村子裡長大，母親不許他覺得自己比村中別的孩子優越，除非他自己能證明這一點。他在花園裡幫工、照看牛群和羊群、修路、砍柴挑水、照顧老人。每晚母親都會跟他講父親的英勇事蹟和父親在友誼中所表現出的高貴品格 —— 忠誠可靠、毫不欺瞞，以及他為了更好地造福於人民而對知識的無限渴求。

艱苦的生長條件、簡單的伙食、長期的田間行走、爬樹、彎腰拔草以及在小溪中洗澡的習慣，讓這個男孩的身體變得結實健壯。他日落而息，在天邊亮起第一抹紅暈的拂曉起床，觀看日出。母親和兒子會在早晚進行虔誠的儀式，其中包括彈古琴歌唱及誦念造物的美好和善行。

孔子在十五歲時就成為了一名出色的音樂家，鄰居們經常聚在一起聽他演奏。十九歲時他比所有周邊村落同齡的孩子更加高大、強壯、英俊並有能力。

　　他所具備的君主氣質可以從他管理牲畜的工作中看出來，這項工作讓他經常需要騎著馬，長途跋涉去調節敵對牧民間的問題。牧場歸諸侯國所有，羊群及牛群的主人總是在不斷地爭吵。美國的蒙大拿州和科羅拉多州可以理解這一點的。孔子將爭吵者召喚在一起，向他們耐心地講述爭吵的荒謬性和同心協力互相理解的必要性。正是在這時他說出了那句家喻戶曉的至理名言：「己所不欲，勿施於人。」

　　關於孔子的金玉良言有著不同形式的表達方法。想要逐字逐句地詮釋漢語是不太可能的，漢語的一個符號或音節就能表示一個理念，而如果我們想要闡釋同樣一件事，則往往要寫上一大篇。

　　子貢問曰：「有一言而可以終身行之者乎？」子曰：「其恕乎！己所不欲，勿施於人。」

　　孔子用一個字就頗有詩意地表達出了哲理，而這個字是西方幾乎無法理解的。這個字就是「恕」，它的意思是：「我的心在回應你」，或「我所想的與你所想的一樣」，或「別人怎樣對你，你就要怎樣對別人」。這是孔子曾刻在路邊樹皮上的一個符號、音節或字。法國人也有過類似的經歷，他們曾把「自由、博愛、平等」刻在了所有公共建築的入口處。

　　孔子在他所居住的帳篷前放了一塊木板，上面寫著代表愛和友誼的符號。後來一些朋友送給他一面旗子代替了這塊木板，這也成為了他的和平之旗。

　　他成功地調和了爭吵的牧民，為他的人民謀求了和平。很快他就聲名遠播。作為仲裁人，他能指出雙方的錯誤之處，也能幫助他們找出和解的方法。

　　不過作為仲裁人，他並不只是懂得勸說而已 —— 他能夠射出更遠

的箭，也能擲出更準的魚叉。當然，民間也有一系列關於他高超技藝的故事，有一些還將他說成了類似聖喬治（Saint George）[048] 和威廉・泰爾（William Tell）[049] 的結合體的人，還帶有阿佛烈大帝的高貴風度。略去那些不可信的，我們傾向於相信，這個男人有著巨人的力量，但卻十分偉大，沒有像巨人那樣運用這種力量。

我們相信在遭遇盜賊時，他會和他們坐在草地上交談，並讓他們相信自己在做壞事。而且，他並沒有像我們的老朋友尤利烏斯・凱撒（Julius Caesar）在類似情況下所做的那樣，吊死他們。

二十七歲時，他不再去其他國家主持公道，排解紛爭，而是請這些爭論者前來聽他做道德方面的講學。他們每天上一個小時的課，通常在一週內就會覺得爭吵十分愚蠢，既分神又傷身，對人有諸多不利。

在我們看來這種評判方式似乎十分古怪，但孔子認為人應該學會控制脾氣、保持公正，在不使用暴力的情況下解決紛爭。

以力服人者，非心服也，力不贍也；以德服人者，中心悅而誠服也，如七十子之服孔子也。[050]

如殺無道，以就有道，何如？

君子不憂不懼。

在許多地方都出現過重複的命令：「無懼！無懼！」，當被要求給出一個詞來表達幸福生活的訣竅時，孔子給出了「溫」這個答案，我們翻譯成「Equanimity」。

在孔子還年輕的時候，他的母親就去世了，但他始終對她保持著最虔

---

[048]　英格蘭的守護聖徒。
[049]　瑞士抗德民族英雄。
[050]　此處系作者有誤，此句出自先秦孟軻《孟子・公孫丑上》。

誠的敬意。

在外出旅行前，他總是會先去她的墓地，他回來時所做的第一件事也是如此。每年在她的忌日那天他都不吃任何食物，也不見任何學生。有人粗俗地稱這為「祖先崇拜」，但這份孝心是西方世界很難理解的。在這其中有一種微妙的精神意義，暗示我們只有透過父母才能獲得意識，才能和上天溝通。在父母的深愛下我們逐漸成形，他們用極大的耐心來照料我們，教育我們讀書，滿懷希望地看著我們長大成人。為了感謝和回報他們的養育之恩，我們起碼要在所有的祈禱中想到他們。父母是上天給我們的恩賜，他們的愛是神聖的。

這種祖先崇拜很顯然是美好而有益的，當然也沒有人會認為這是一種「邪教」。孔子毫無保留地頌揚他的母親，她一貧如洗地將他養大，教會他熟練掌握了成千上萬種有用的知識，學會隨遇而安，杜絕鋪張浪費。

孔子和純樸的人民走得很近，他認為所有技藝高超的受僱者都應屬於貴族階級。這給了手工業者一個頭銜或是稱謂 —— 能做事的人。我們認為，從本質上來說，這是一個十分現代的想法。

我認為中國是第一個使用蠶絲織布的國家。初次製作絲綢的耐心、謹慎和創造技能是非常偉大的。但在得知孔子認為用植物製作亞麻布要比使用蠶吐的絲織布貢獻更大時，我們對孔子有了更多了解。孔子對蠶懷有憐憫之情，就像我們的素食朋友對宰殺動物作為食物懷有憐憫之心一樣。因為憐憫，孔子更喜歡穿亞麻布的衣服，而不是絲綢。蠶在作繭後就完成了自己的使命，等待破繭化蝶的快樂，但卻慘遭貪婪的人類的毒手。同樣，孔子也不願意在奶牛哺育完牛犢之前喝牠的奶，因為這樣做是對奶牛的母性不公平的攫取。從現代的觀點來看，我們也可以說孔子有一副慈悲心

腸，我們稱之為「一元論」或是「唯一」。他還說：「天地之道，可一言而盡也。」他對一切生物都抱有溫柔和體貼之心。

沒有其他偉人的學說能像孔子的學說那樣，和蘇格拉底如此相像。但孔子並不在乎比較。他擁有雅典人所沒有的英俊、高貴以及優雅。蘇格拉底有點像個小丑，對許多雅典人來說他就是個大笑話 —— 一個城裡的傻瓜。孔子結合了柏拉圖的博學優雅以及蘇格拉底的堅定和通情達理。從沒有人侮辱或笑話過他。許多人並不理解他的想法，但他對親王和貧民都一視同仁。

孔子經常在遊學途中遇到隱士或和尚 —— 他們遠離世俗，追求聖人的生活。孔子對這些人的同情大過尊重。「鳥獸不可與同群，吾非斯人之徒與而誰與？天下有道，丘不與易也。」

這聽起來和拉爾夫・沃爾多・愛默生的觀點尤其相似。他曾說過：「默默地活在時代的背後是十分容易的。但偉人就是那些站在人群當中，還能優雅地保持孤獨的人。」

孔子是當時第一個宣揚手足之情、服務的高貴以及工作不分高低貴賤的人。「孔子嘗為委吏矣，日：『會計當而已矣。』嘗為乘田矣，日：『牛羊茁壯，長而已矣。』」

他所有的忠告都是和此生相關的，對於未來的存在他一無所知。他似乎認為同時生活在兩個世界中是一種精力的浪費，會讓人變得懦弱。

他教授雄辯學、數學、經濟學、管理學以及自然歷史。他總是在自己的講授中穿插倫理學 —— 人對人應盡的責任和人對天擔負的責任。音樂對他來說是必不可少的，在開口之前他總是輕輕地撥動琴弦，他的技藝可能比我們當今最棒的吉他手還要好。這種琴比吉他小，他總是用一條光滑

的絲帶將它固定在肩膀上，隨身攜帶。雖然對音樂滿懷熱情，但他卻並不贊同弟子盲目地學習彈奏。它更大的作用是安撫心靈，理解真理。

孔子在七十二歲時過世。在世時他並沒有享有很高的聲譽，過世後他的追隨者只有三千多人，在傳授他的學說的弟子或是導師，也只有七十人。

我們完全可以這樣猜想：孔子沒有認為許多人都將琢磨他的話語並奉他為先知。

老子和孔子生活在同一年代。年輕時孔子曾拜訪過老子，那時他已經很老了。孔子經常引用老子的話並稱自己是他的追隨者。不過這兩個人之間最大的差別就是：老子全身心地投入到玄學和神祕學之中，而孔子總是非常樸素並且實際。

作為一個非神非聖的凡人，孔子在兩千年裡一直受到世人的尊敬。他沒有給出任何關於天堂回報的希望，也沒有用地獄來威脅不相信他的人。他宣稱自己和看不見的事物沒有特別的關係，也不受其影響。在教學中他總是格外開放、坦率並且從不會神神祕祕、躲躲閃閃。他一直是個學生，也一直公開自己的信仰。歷史上從來沒有這樣賢明而受到如此愛戴的人，他的地位一直沒有被動搖過，他的思想也是無懈可擊。就連中國其他兩大可以與儒教匹敵的宗教 —— 佛教和道教（老子創立的宗教），都沒有宣稱和儒教分裂，他們一直都在補充和發揚孔子的理論。

在世時孔子直言不諱的習慣為他樹立了很多敵人，他總是坦率地指出社會的弱點和那些假裝服務於人民的官員的錯誤之處。他總是一針見血地指責虛偽、自私、虛榮以及矯飾。

當時整個官場都有一股不正之風，官員們習慣坐在高官的位置上私吞

俸祿，把所有的事情都交給僕役去做。作為國家宰相，孔子傳喚官員前來詢問職責所在的習慣讓眾官員擔驚受怕。事實上這種拿國家的錢就要為國家做實事的堅持招來了一致的反對，最終也導致他被罷免並被流放。但他對此並不以為然，因為這讓他有了閒置時間，也讓他有了去旅行的機會。孔子的學生並沒有社會上層人士，但他死後，立刻就有很多在他生前鄙視他的人生搬硬套他的哲學理論，將房子裡掛滿了他的格言。無論黃種人還是白種人，全世界的人在本質上都是一樣的，只不過隨著時間的變化會發生一點改變而已。這讓我們想起了新聞界人士和神職人員，還有他們所任職的城市中的那些人，是如何痛恨、畏懼州長約翰‧彼得‧阿爾特吉爾德（John P. Altgeld）[051] 的。但在那些曾經狂轟亂炸地批判這個人的報紙上，人們開始競相對他的誠實、真摯、純粹以及敏銳的洞察力給予熱情洋溢的讚美。最終，寒熱侵占了他的身體，宣告了他的死亡。一個從不接受賄賂、阿諛、勸誘或是威脅的人，在大多數人 —— 尤其是當權的政黨眼裡，是「危險的」。道貌岸然的人會活得更容易，而誠實的人在愚笨的外表掩蓋下會更安全。

　　孔子樸素簡單的教學風格可以由以下話語來概括，這是從儒家學說權威書籍中所選出的句子，這些書籍彙集了這位偉大的大師的弟子和追思者在他死後整理的一些教學內容：

　　古慎言人也。戒之哉！毋多言，多言多敗。

　　如不可求，從吾所好。

　　富潤屋，德潤身，心廣體胖，故君子必誠其意。

　　所謂齊其家在修其身者，人之其所親愛而辟焉，之其所賤惡而辟焉，之其所畏敬而辟焉，之其所哀矜而辟焉，之其所敖惰而辟焉。故好而知其

---

[051] 美國政治家，美國民主黨成員。曾任伊利諾州州長。

惡，惡而知其美者，天下鮮矣。故諺有之曰：「人莫知其子之惡，莫知其苗之碩。」此謂身不修，不可以齊其家。

所謂治國必先齊其家者，其家不可教而能教人者，無之。故君子不出家，而成教於國。

孝者，所以事君也；弟者，所以事長也；慈者，所以使眾也。

君子欲訥於言，而敏於行。

可與言而不與之言，失人；不可與言而與之言，失言。知者不失人，亦不失言。

躬自厚而薄責於人，則遠怨矣。

存亡禍福，皆在己而已，天災地妖，亦不能殺也。

益者三友，損者三友。友直、友諒、友多聞，益矣；友便辟、友善柔、友便佞，損矣。

君子不重則不威，學則不固。主忠信，無友不如己者。過則勿憚改。

子貢問為仁。子曰：「工欲善其事，必先利其器。居是邦也，事其大夫之賢者，友其士之仁者。」

禦人以口給，屢憎於人。

君子惠而不費，勞而不怨，欲而不貪，泰而不驕，威而不猛。

所謂修身在正其心者，身有所忿懥，則不得其正；有所恐懼，則不得其正；有所好樂，則不得其正；有所憂患，則不得其正。心不在焉，視而不見，聽而不聞，食而不知其味。

第三章
畢達哥拉斯

在行動之前要先深思熟慮，這樣你才不會做出愚蠢的行為。不假思索地說話、行動的人是可悲的。不要做那些將來會讓你受盡折磨的事情，也不要讓自己後悔。

—— 畢達哥拉斯

我並沒有搶博克（Edward Bok）先生[052]飯碗的意思，我只是想要喚醒大家對畢達哥拉斯的注意。他生活在西元前五百多年。

那時的世界也是十分古老的。建於四千年前的孟斐斯[053]已經破舊不堪；特洛伊早已深埋在塵埃之中，是一個德裔的美國人[054]讓它得以重見天日；尼尼微[055]和巴比倫還在不斷地打勝仗，這帶來了更多的死亡；而這顆帝國之星已整裝待發，做好了朝西方拓展的準備。

畢達哥拉斯開創了希臘的黃金時代。和他年代相近的偉大作家都會在作品中提到他的名字，並引用他的話。一些人崇拜他，而另一些則傲慢地批評他，大多數人都有些嫉妒他，而少數人則將他當作反例，認為他愛裝腔作勢、賣弄學問，是一個喜歡耍花招的人，而且還是個書蟲。

在畢達哥拉斯的年代還沒有所謂的媒體審判，但正如巴蘭（Balaam）[056]總是說對手的壞話一樣，世人對他的汙蔑也不絕於耳。

伯里克里斯之師阿那克薩哥拉（Anaxagoras）[057]用財富換取了自

---

[052] 荷蘭裔美國記者和編輯，因擔任《婦女家庭雜誌》（*Ladies' Home Journal*）主編和力主和平及社會改革的工作而聞名。

[053] 古埃及城市，廢墟在如今的開羅之南。

[054] 指海因里希·施里曼（Heinrich Schliemann），德國傳奇的考古學家，後獲得了美國國籍。出於一個童年的夢想，他放棄了商業生涯，執著地投身於考古事業，使得《荷馬史詩》（*Homeric Epic*）中長期被認為是文藝虛構的國度特洛伊、邁錫尼和提林斯重現天日。

[055] 古代亞述的首都。

[056] 聖經人物中的先知，曾將虛偽的敬虔作為自己得利的門路，不惜出賣自己的恩賜以求財，並曾禱告，企圖更改神的心意以遂自己的私慾。

[057] 古希臘哲學家，對日蝕作過正確的解釋並相信物質由原子組成。

由 [058]，他是畢達哥拉斯的弟子，也時常提起他的名字。

伯里克里斯十分讚賞畢達哥拉斯的哲學，他經常在講演中引用畢達哥拉斯所說的話。蘇格拉底認為畢達哥拉斯是樸素生活的權威代表人物，並表示除了要求保持沉默的命令之外，他願意在任何方面追隨他。蘇格拉底想要有選擇性地保持沉默，而畢達哥拉斯要求每個學生都要在一年中不問任何問題，也不做任何解釋。如果學生無法達到他的要求，他就會將年限延長至五年。

畢達哥拉斯在很多方面都和我們的老朋友馬爾登 [059] 頗為相似，且二者都用認罰來證明了自己的忠心。畢達哥拉斯曾說過：「我絕不會要求別人去做我沒做過，也不願做的事情。」

為此曾有人對他發起了挑戰，要求他的三百名弟子在一年中都保持沉默。他接受了挑戰，但這從未阻止批評和指責、抱怨以及逮捕令。不過據說他在這之後的一年中所說的話足以彌補這些沉默。

關於畢達哥拉斯的生平有兩部完整的著作，作者分別是古羅馬作家第歐根尼‧拉爾修（Diogenes Laertius）和希臘哲學家楊布里科斯（Iamblichus）。我個人比較喜歡楊布里科斯。因為楊布里科斯可能是根據名字推斷出了畢達哥拉斯是海王的兒子艾尼亞斯（Aeneas）的後代，這顯然要比他是阿波羅（Apollo）之子這個聳人聽聞的傳說要好得多。

畢達哥拉斯出生於希臘的薩摩斯島。他家境富裕，父母為人誠實且深愛對方——畢達哥拉斯認為父母必須要出身高貴。看起來這個說法似乎是非常正確的。

---

[058] 因否認天體是神聖的而被控訴，遭到放逐。

[059] 指威廉‧馬爾登（William Muldoon），美國希臘羅馬式摔跤冠軍，也是紐約雅典委員會首屆主席。

　　成年後的他是一個標準的貴族 —— 毫無疑問是內外兼修的那一種。他身材修長，高貴威嚴且天生沉默，他知道英俊的男人不該說得太多。

　　他對身體的魅力頗為關心，並在早年身體力行地進行實踐。他稱自己的父親是個船長及商人，之後他又不經意地加上了一句，一個十一個月都不在家的男人會讓後代得到怎樣的好處。這是許多現代哲學家都贊同的公理，他們之中的少數人還實現了他們的理想。古希臘作家亞里斯多芬尼斯（Aristophanes）和畢達哥拉斯的門徒關係很好，他在一部巨作中暗示，畢達哥拉斯的沉默時間限制應該至少增加一個月，才能達到最好的效果。

　　柏拉圖、色諾芬（Xenophon）[060] 以及亞里斯多德經常引用畢達哥拉斯的觀點。能夠影響這些人的哲學一定是非常崇高的。事實上，畢達哥拉斯是師者們的導師。和所有靠頭腦為生的人一樣，他有時也會遲緩遷延，沉浸在一些混亂的話語中而破壞了原有的想法 —— 如果曾經有這樣一個想法的話。

　　這裡有三個詞語：知識、學問、智慧。世人直到最近才開始設想，它們實際上說的是同一件事。

　　知識由我們所知道的東西，而不是我們所相信或猜想的東西組成。知識是一種經驗所證實了的個人直覺。學問大部分由我們的記憶組成，它是我們從別人那裡聽到或從書本中學到的東西。住在伯克利廣場的湯姆林森（Tomlinson）[061] 就是一個博學的人。當我們想起博學的人時，頭腦中都會浮現出一個坐在圖書館中的人，他的身邊都是高大的書架，上面擺滿了厚厚的書籍。

　　智慧是我們經驗的精華部分。它幫助我們生活、工作和愛，並讓生命

---

[060]　希臘將軍及歷史學家。

[061]　吉卜林（Rudyard Kipling）小說中的人物。

變得更有意義。十分博學的人很可能仍離智慧很遠。

畢達哥拉斯就是這樣一個異類。他天生就渴望求知，最後他終於領略了希臘神話中斯芬克斯的祕密，那就是無話可說，如果堅持要說，就將有組織的詞語擴展成博學的知識，並在此基礎上形成一個神譜 —— 事實上他是一個牧師。

對所有神學與哲學的鑽研就像是在黑暗中發出閃閃光亮的智慧之金，它領導人類不斷前進。

所有偉大的宗教都有其明智時期，否則根本就不會有人相信它們。這些追隨者只是理解一些隻言片語，並希望最終能夠完全領悟其教義。這些新成員知道自己其實是一無所知的，但他們在教授其他人時又不得不假裝自己已經完全理解了他們所說的一切。見習期的成員認為自己的愚笨造成了觀察力的缺乏，且許多偉大的導師都鼓勵如下這個觀點：

「保持耐心，有一天你終會了解。」他們冷漠地笑著說。

當沒法蒙混過關時，他們就去搶赫曼（Alexander Herrmann）和凱勒（Harry Kellar）[062] 的飯碗，用魔術來為自己解圍。

神祕學和奇蹟起源於埃及，那裡有一整套由統治者支撐的完整體系。在龐大的宗教騙術面前，現代的欺詐簡直就是江湖術士拙劣的三腳貓功夫。統治者、軍隊以及國家的徵稅者都發誓保護龐大保險箱中的財物 —— 虛無。也就是說，這只不過是貪心和自我催眠不斷催生的、讓人輕信的藉口而已。

所有穿著古怪、進行可笑的儀式、假裝了解並能傳授造物和天命的人，紛紛在埃及出現。而現在的埃及只有墓穴、墳墓、墳場以及寂靜。那

---

[062] 兩人是著名舞臺魔術師。

裡的牧師並不需要軍隊來幫助他們保持祕密。宇宙曾經的統治者，古埃及太陽神阿蒙－拉（Amun-Ra）已被耶和華取而代之，太陽神和那些堅定不移地擁護他的人一樣，變成了陳年乾屍。

埃及人滿心猜忌地保衛著他們的神祕之神。

我們現在已經掌握了他們的祕密。那就是——根本就沒有任何神祕存在。

這是任何祕密社團都避而不談的唯一祕密。智慧並不會隱藏在莫名其妙和隱晦的話語之中。知識是一回事，而空話又是另外一回事。在我們還稚嫩時，希臘字母社團存活了下來。還有那些兄弟會，他們讓人覺得好笑，不過兄弟情誼拯救了他們，否則在人們眼裡他們就只是一群傻瓜。

這些神祕事物和神祕學都曾獲得官方的支持，之後又被權威機構丟棄，再後來則淪為學生間的惡作劇。

希臘字母社團曾一度是每所學校必備的組織機構，但現在只剩下一些殘骸。讓已經廢棄的語言成為選修課就是它在垂死掙扎的表現。

如今許多學校無論是在直接還是間接上，都不支持學生中的祕密社團。很快人們將不再允許祕密社團成為青年教育的一部分。這是因為懵懵懂懂的大學新生很容易輕信希臘字母的神祕性，從而忽視大學課程的學習。

如果騎上一頭山羊就能獲得知識，那麼任何鄉間路上的小旅館裡都能出一個赫伯特·史賓賽（Herbert Spencer）[063]，且所有在鄉間鋤草飼畜的農夫都能成為博學的人。

---

[063] 英語著名的唯心主義哲學家、社會學家和教育學家，也是「社會達爾文主義之父」。他所提出的一套學說把演化理論適者生存應用在了社會學上，尤其是教育及階級鬥爭中。

生活和道德之中並不存在任何祕密，因為無私的自然已經賦予了你美好的思緒，還有你所感覺到的珍貴的柔情，它們會在你的臉龐上浮現，偉大的人能夠看到、理解、欣賞並將其據為己有，你只有擺脫它們才能擁有祕密。

畢達哥拉斯只有四、五歲大時，母親就讓他在早上洗冷水澡，洗完後再出去跑步吹乾。他跑的時候她也會跟在後面，他們會一起向著升起的太陽唱讚美歌，因為對他們來說，太陽就是阿波羅神的象徵。

這位母親教導他適應寒冷、高溫、飢餓，學會隱忍，樂於讓身體發熱。

於是長大後的男孩強壯英俊且驕傲自信。很可能在早年時他從母親那裡得知並在後來進一步擴展了一個想法，那就是阿波羅曾在她母親面前現身，他是如此地英俊美好，這個女人被完全征服了！這也是她第一次近距離地看到一位神。

母親將自己的萬丈雄心寄託在了兒子身上。畢達哥拉斯所知道的就是，他非常特別，與眾不同，他是為教導人類而生的。

在家鄉學到了所有能學到的知識 —— 至少是他所認為的全部後，他動身前往了知識之地埃及。人們認為，知識是一個祕密，只能透過言語獲得，在書中得到。這個謬論在當時盛傳。畢達哥拉斯的母親想讓兒子獲得埃及神祕學中最核心的祕密，這樣他就能夠無所不知了。為此她賣掉了自己的珠寶，只求她的兒子能夠接受埃及的高等教育。

一般的女人絕不可以探求神聖的祕密 —— 只有少數幾個除外。而這個女人很想知道這些祕密，於是她讓兒子去學習，然後再告訴她。

這個家族當時十分富有並頗有影響。薩摩斯島上的著名人士紛紛寫信

給埃及的國務大臣。於是年方二十，「一頭美髮的年輕人」畢達哥拉斯開始了埃及之旅，他大膽地敲響了孟斐斯廟宇的大門，據說知識就在那裡。在那時宗教壟斷了所有的學校，直到畢達哥拉斯死後很久還是如此。

廟宇以外國人不可踏入神聖之地的理由拒絕了他——新加入的成員必須在廟宇的遮蔽下出生，從嬰兒時期起就被聖潔的處女虔誠地哺育長大。

畢達哥拉斯依舊堅持要求進入，可能就在那時他找到了一名支持者，讓他宣稱自己是阿波羅的兒子。於是這些神聖的人們誠惶誠恐地從窺視口向外窺視，想看看是哪一個人如此大膽，能夠編造出連他們都說不出來的彌天大謊。

這個男孩看起來確實很符合他的身分。也許這就是他們想假扮的人！騙子相信騙子，而流氓也比較容易被流氓而不是誠實的人逮到。

允許他進入大學這件事上升到了外交的高度。最後在重壓之下，神祕學的壟斷者，也就是那些智者做出了讓步，於是畢達哥拉斯被告知在某晚午夜，在某個他可以進入的廟宇門前全裸現身。

在約定的那一刻，畢達哥拉斯準時到了那裡，身上披散的只有一頭美髮。他敲了敲青銅大門，但只聽到微弱空洞的回聲。

然後他拿了一塊石頭重重地敲了敲，但還是沒有任何回應。

冷風颼颼，年輕人被凍僵了，但他敲了又敲，大聲呼喊，要求准許他進入。這次他得到的回答是狗的狂吠。他還是繼續敲門！過了一會，一個沙啞的聲音從門縫中傳了出來，命令他馬上離開，否則就放狗咬他。

他仍然要求進入。

「傻瓜，你難道不知道法律規定寺廟只有日出時才讓人進入嗎？」

「我只知道有人告訴我只要午夜來這裡就能進入。」

「也許確實如此，但沒人告訴你何時才會允許你進入 ── 等待吧，這是神的旨意。」於是畢達哥拉斯等在門外，直到失去知覺，幾乎死去。

曾發出狂吠的狗出來了，牠們在石砌建築的一角挖出了一個洞。他拚盡全力地對付那些狗。戰鬥讓他的血液沸騰了起來，而在這之前他正準備返回自己居住的小屋。

東方開始破曉，一群群的奴隸們來到這裡工作，他們嘲笑他，並用石頭砸他。

越過沙漠，他看到了太陽淡淡的輪廓。同時，他倚著的青銅大門也突然敞開了。他跌了進去，一雙粗暴的手抓住了他的頭髮，將他拖入了大廳。

大門「哐」的一聲關上了。畢達哥拉斯躺在了一片漆黑的石板上。

一個聽起來似乎十分遙遠的聲音問道：「你還想繼續嗎？」

他回答：「我想繼續。」

一個身穿黑色長袍，頭戴面具的人拿著一盞忽閃忽現的燈，帶領畢達哥拉斯進入了一間石房。

他們剃掉了他的頭髮，給了他一件破袍，然後就轉身離開了。這一天快結束時他得到了一塊黑麵包和一碗水。他被告知這個能夠幫助他應對即將到來的考驗。

我們不清楚那個考驗到底是什麼，只知道其中一部分內容是在齊腰的滾燙的沙子中奔跑。在他快要失去知覺時有一個聲音大聲地問道：「你還想繼續嗎？」

他回答：「我想繼續。」

回到寺廟後他被帶入了一間房並在那裡等候。在進門時他的眼睛被蒙了起來，他一腳踩空，掉到了一個冰冷的水池中。

掙扎中那個聲音再一次問道：「你還想繼續嗎？」

他回答：「我想繼續。」

之後他還被拴在了一頭驢的後面，這頭驢在懸崖峭壁邊走著，下面就是光芒點點的深淵。

「你還想繼續嗎？」那個聲音問道。

畢達哥拉斯回答：「我想繼續。」

僧侶們一把將驢推下了懸崖，原來它只有兩英尺 [064] 高。深淵只是牆孔上射出的光給人造成的錯覺。

畢達哥拉斯後來將這些小把戲帶到了自己創辦的學校中，用它們來教育快樂的新生，告訴他們任何事都沒有看上去的那麼糟，有些事情只不過是假像而已。

埃及人漸漸開始尊敬畢達哥拉斯了，他不放過任何一個能夠知道神祕最深處祕密的機會。他稱自己要了解全部的祕密，不過那些無法理解的除外。

那很可能是真的。

在埃及的時光並沒有虛度，他學習了天文學、數學、哲學以及那時還沒有成為一項學科但已被充分理解的學問 —— 管理學。

畢達哥拉斯在二十年後才返回薩摩斯島。他的母親已經死了，再也無

---

[064]　約等於 0.6 公尺。

法得知神祇的祕密 —— 也許她還是不知道為好。

現在薩摩斯島的人民以畢達哥拉斯為榮。

人們爭相前去聆聽他的演講並送給他禮物，連王室成員都對他致以深切的敬意。

但薩摩斯很快就厭倦了畢達哥拉斯。因為他過於苛刻，也過於嚴厲，當他開始指責官員的懶惰和漠不關心時，他們請他去別的地方教授自己的科學。於是他來到了義大利南部，在海港城市克羅托內修建了繆思廟宇，並創立了畢達哥拉斯學校。他是同時代中最有智慧最博學的人。

一些居心不良的人稱畢達哥拉斯是耶穌會的創始人之一。證據就是那塊埃及神學的基石。畢達哥拉斯在離開埃及時將其作為紀念品隨身攜帶。人們深信祭司能運用魔法創造奇蹟，作為一個運行良好的體制，宗教的價值也得到了充分的肯定。事實上，如果沒有祭司的支持，統治者就無法保住自己的位置，這些都是神的旨意。人們徒勞地在從蘇格拉底時代就開始存在的聖人、賢人、哲學家、詩人以及先知中，尋找最簡單的真理。真理之所以是真理，就是因為它是完全無法虛構的，而自由的思想是讓人無法想像的。

私利總是擋在真理前面。

真理總是被虛飾所掩蓋 —— 要不就是人們對此並沒有留意。吟誦、長袍儀式、隊伍、鐘鳴、焚香、異聲、望聞……這些都是教授神理必需的要素。

用噪音來表達崇拜實在是很奇怪的事情。

畢達哥拉斯是一個非常偉大的人，讓他完全拋棄神學是不可能的。於是我們發現，在他要開口說話之前，紅色的火苗會在他起身之時開始燃

燒。這有點像之後那位尊敬的 T‧德威特‧塔爾馬吉（T. DeWitt Talmage）牧師，在適當的時候，會有一位愛爾蘭人專門從風琴臺為他放出一隻白色的鴿子。

畢達哥拉斯點燃的火焰讓觀眾們覺得奇蹟發生了。他們無法理解這個簡單的舞臺小把戲，而現在所有表演《浮士德》（*Faust*）的人都了解這個祕密。

不過，畢達哥拉斯學校還是具有一定優點的，它認真努力地致力於解決某些至今仍在困擾我們的問題。

在楊布里科斯的描述中，畢達哥拉斯在克羅托內興建的繆思廟是一座牆壁有二十英尺 [065] 厚的石頭建築，只有頂部透光。很顯然這是完全按照埃及建築的模式來建造的，目的是在那裡傳授神祕的學說。畢達哥拉斯改進了埃及人的方法，在特定的日子裡，允許他的寺廟向任何想進入的大眾開放。有時他只給女人講學，有時只給男人講，對兒童也是如此。

這些講座一般都蘊含了畢達哥拉斯哲學的精華，有些知識十分實用，直到現在人們都在引用它們。其中一些名言還影響過蘇格拉底、伯里克里斯、亞里斯多德以及普林尼 [066]。我們無從得知埃及人到底向外人傳授了什麼知識 —— 它揮發得太快，只有優秀的才能吸收。畢達哥拉斯說道：

「不要切碎葡萄；不要飲酒作樂；希望越大，失望越大；智者不會因失敗而沮喪，也不會因成功而得意忘形；適當進食、多洗澡、多在空地上運動、多走、獨自爬山。」

「最重要的是，學會保持沉默，多聽少說；遭到誹謗不要還擊；不要

---

[065]　約合 6 公尺。

[066]　蓋烏斯‧普林尼‧塞坤杜斯（Gaius Plinius Secundus），常被稱為老普林尼或大普林尼，古羅馬作家、科學家，以《博物誌》（*Natural History*）一書留名後世。

為了說服而說，你的人生和性格不是為了辯論而生的；謊言會繼續回來折磨那些重複它們的人。」

「擁有力量的祕密就是保持平和，要記住沒有什麼過不去的事情。學習公正、勤奮、勇氣、節制、沉默的過程就意味著你應該接受一切你應得的東西；神的動作也許很慢，但祂們從不會忘記。」

「我們並不該懲罰或報復那些輕蔑、侮辱他人的人 —— 等待吧，你會看到復仇女神讓這個一心中傷他人的人摔下馬。」

「女人的美德是謙虛、簡單、真實及順從。被俘虜的女人只能聽從於她的男人。相比於暴力的男人，神更討厭暴力的女人 —— 他們都是在毀滅自我。」

「放蕩、暴亂、顯赫、奢侈都是我們不該擁有的東西。復仇女神同樣也會懲罰遊手好閒、好吃懶做之人。」

「畏懼並尊敬神。祂們為我們指引道路，在我們入睡時照看我們。在一個男人心中，排在神後面的人應該是他的父親和母親，之後是他的妻子和兒女。」

畢達哥拉斯的掌控能力十分強大，許多女人聽了關於驕傲和顯赫有多愚蠢的演說後，都扔掉了她們的披風，把戒指和項鍊留在了祭壇上。

畢達哥拉斯用這樣或那樣的奉獻之物又造了另一座廟宇，這次是阿波羅神廟，而繆思神廟也開始全天候地對大眾開放。

他對人民的掌控能力引起了地方治安官的恐慌，於是他們叫他前來希望能了解他的意圖。他向他們解釋說繆思和他們一樣，總是順從於阿波羅，所以治安官也應該意見一致，忠實於國王。所有國王的告示和法律都表達了神的律法，人們必須要無條件地遵從它們。正如繆思從不會攪亂天

堂的和諧而是不斷維持這種狀態一樣，人們也應該努力保持和諧。

　　所有的政府官員都要把自己看成參加奧林匹克競賽的運動員，不要試圖去絆倒、擠撞、騷擾或干擾對手，而應該正直公平地進行比賽，如果別人比自己強壯優秀，那就應該心甘情願地服輸。不正當的勝利只會惹神發怒。

　　所有國家中的動亂者都是沒有受過良好教育的年輕人。在兒時如果沒有被教導應該耐心、堅韌、尊敬長者並尊重萬物，那麼他的心靈就是不健全的，他只能在混亂和反叛中找到安慰。所以人應該在嬰兒時期就受到細心照顧，青春期的為所欲為只會為人埋下動亂的隱患。被愛並和父母親近的孩子會成長為讓國家驕傲，讓神高興的人。無法無天、抱怨不已、焦躁不安及無所事事的孩子會給他們的父母和社會帶來麻煩，也會讓神感到悲哀。

　　治安官聽到這些話感到十分滿意，他們認為畢達哥拉斯對國家是無害的，於是便頒布了一項法令：所有的公民都應至少一週參加一次他的演講，並帶上妻子和孩子。

　　他們還為畢達哥拉斯提供薪資 —— 也就是讓他成為一名正式的公共導師，但他拒絕收取服務的報酬。楊布里科斯認為，在這一點上他非常明智，因為雖然拒絕了一份固定的報酬，但有十倍多的報酬被放了在繆思神廟的聖壇上，而畢達哥拉斯也會滿懷感激地為自己和窮人接受這些報酬。

　　中世紀的神職人員透過斷章取義的記錄來證明他們比他要強出百倍。符號和警句需要的是一個贊同的聽者，否則它們就什麼都不是。

　　比如說，畢達哥拉斯評論道：「不要坐在斗量上面。」他的本意可能是用心工作，讓量器盛滿穀物，而不是拿它當椅子來坐。

「不要吃掉良心。」—— 不要做讓朋友苦惱的事情,不要變得病態。

「不要用劍撥火。」—— 不要激怒憤怒的人。

「不要讓神披上財富的外衣。」—— 不要讓宗教變得自大或自誇。

「幫助身負重擔的人,但不要幫他們卸下重擔。」方濟會的創始人聖法蘭西斯(Saint Francis)曾用這來證明那些異教徒毫無仁慈之心,而在這之後便出現了人文科學。我們現在很輕易地就能夠理解,幫人減輕負擔無濟於事,背負責任能夠讓我們變得更加強壯。

「不要在灰燼中留下瓦罐碎片。」—— 擦掉過去的記憶,忘記它,向前看。

「不要餵食有利爪的動物。」—— 不要讓壞人有機可乘。

「不要吃有黑鰭的魚。」—— 不要和行為不軌的人有任何來往。

「桌子上要一直有鹽。」—— 這似乎是羅馬人常說的「有所保留」這個句子的最初出處。

「離醋遠一些。」—— 保持體貼。

「不要朝著太陽說話。」—— 連達爾文(Charles Darwin)的祖父,博物學家伊拉斯莫斯(Erasmus Darwin)都認為這與法術有關。但對我們來說它也很可能意味著不要在公共場合說太多。

「不要撿從桌子上掉下來的東西。」—— 希臘歷史學家普魯塔克稱這是迷信,但我們會認為這是為了體恤貓、狗或飢餓的人。《聖經》中也有不要把東西撿得太乾淨,而要給路人留下一些的要求。

「獻祭時不要剪指甲。」—— 這句話的意思是,一次做一件事情,不要在不合時宜的時間定鬧鐘。

「不要在馬車內吃東西。」——在你旅行之時。

「不要用左手謀生。」——坦率地生活，避免不誠實的交易。

兩千年以來，很多名人為了數百條畢達哥拉斯的名言爭論不休。所有以自己的學問為榮的希臘學者們都曾參與其中，他們就像美國印第安那州某個像科科莫這樣的小鎮上的女子俱樂部成員，討論加拿大詩人布里斯‧卡爾曼（Bliss Carman）或是美國作家艾拉‧惠勒‧威爾考克斯（Ella Wheeler Wilcox）的篇章那樣激動不已。博學的人們總是願意去解讀一切，除了那些顯而易見的東西。

畢達哥拉斯的學校逐漸壯大起來，慢慢地變成了克羅托內最有吸引力的地方。城鎮的規模翻了一番，朝聖者們紛紛前來學習音樂、數學、醫藥、倫理以及管理科學。

很久以來，人們一直認為畢達哥拉斯用音樂來治療疾病的做法只不過是一種咒語，但現在有人猜測實際上這是一種科學。曾經有個人一生都騎著一頭木馬，當他死後很久，人們才發現這匹馬其實是一匹真正的活馬，曾經載著這個人走了很長的路途。

畢達哥拉斯將音樂的音域簡化成了數學。在天文學方面他領先於哥白尼（Nicolaus Copernicus），事實上，據說哥白尼最大的罪行就是借鑑了這個異教徒的學說。看起來是哥白尼讓這些快樂的傳教士們埋頭查閱希臘文學，想要找出畢達哥拉斯到底有多麼邪惡。這對傳教士們有益，但卻對找出哥白尼的罪惡之源毫無幫助。

有一段時間畢達哥拉斯曾想推廣他的工作，但很快就驚愕地發現他正在吸引一些人，他們並不是因為熱愛學習才來到這裡，而只是想要滿足一種病態的好奇和獲得一個快速得到智慧的方法而已。他們知道畢達哥拉斯

曾經在埃及度過了二十年，他們希望能夠從他這裡得到那些祕密。

畢達哥拉斯說道：「善於發掘的人總是會有所發現。」有一次他把這句話反著說了一次。也就是：「不挖掘的人就永遠不會有所發現。」

畢達哥拉斯在四十多歲時娶了克羅托內一個大戶人家的女兒。看起來妻子給了他很多靈感，她是他的學生，同時也是信徒。於是他設想出了一種全新的生活模式，並覺得它很快就能推翻舊的生活模式。

畢達哥拉斯什麼都不寫，但他的學生們會在竹簡上記錄。當時的雅典隨處可見有關畢達哥拉斯的筆記，那上面也零散地記錄了他的生平片段。

和其他偉人一樣，畢達哥拉斯也有一個關於烏托邦的夢想，那就是一所大學，或者更準確地說，是「聚在一起的人」。在那裡人人平等，人人工作、學習、幫助他人，任何人都不許煩擾其他人。它就是由布魯克農場[067]管理的奧奈達社區[068]，裡面還融入了震教徒[069]建立的新和諧宗教及科學社區。

為指導成員而制定的最細微的規則讓人會心一笑。它們看起來就像是現代管理學之父羅伯特・歐文（Robert Owen）把約翰・亞歷山大・杜威（John Alexander Dowie）[070]主教布道的抄本稍微改動了一下的結果。

畢達哥拉斯社團旨在抵制飄洋過海從希臘傳人的風氣 —— 只是透過獲取知識來學習新東西，但並不工作。

於是畢達哥拉斯和他的妻子成立了一個相似的社團，每位成員都要在

---

[067] 美國 1984 年建立的烏托邦社區。

[068] 約翰・漢弗萊・諾伊斯（John Humphrey Noyes），美國空想社會學家，在 1848 年建立了理想的奧奈達社會。創造了「自由之愛」這個短語。

[069] 震教徒（Shakers），又稱為震教教友會教徒（Shaking Quakers），屬於基督再現信徒聯合會，是貴格會在美國的分支。

[070] 美國宗教團體的創建者。

一開始先經歷非常嚴苛的考驗，這樣做的目的是杜絕那些只是一時興起，覺得好玩才參加社團的人。每位成員都要把所有的錢和物品上交給公有的財產庫。他們要從一無所有開始奮鬥，正如曾經站在埃及廟宇門前的畢達哥拉斯一樣。

宗旨是樸素、真實、誠實以及互相服務。這些都是僧侶精神的表現，只是女人也可以加入這裡而已。和埃及人不同，畢達哥拉斯現在認為男女是平等的。他的妻子每天都會帶著婦女們一起合唱，她也會做一些演講。兒童由專門的護士和導師照顧。這個社團希望並預計透過培養完美的兒童來製造一個完美的種族。

這個想法推動圖騰和禁忌時期朝前邁進了一大步。

可以肯定的是它興盛了三十年左右。畢達哥拉斯的兩個兒子和一個女兒在大學裡長大成人。他的女兒因為將父親的祕密學說賣給了外人而違反了法令，受到了審判。他的一個兒子也惹禍上身了──他試圖篡奪父親的地位，以「下一個朋友」的身分來掌管事務。對於烏托邦社團來說，良好的發展只會在一代人身上體現。當那些社團的發起人開始變老，一個個地去世時，年輕人開始就職，過去過於艱苦樸素的想法被拋到了一邊，放蕩和蛻變趁虛而入，如此反覆輪迴。

來自外界公民的嫉妒和誤解給畢達哥拉斯大學造成了嚴重的打擊，就像那個古老的鎮民對抗學生 [071] 的問題一樣。畢達哥拉斯大學擁有將近三百人，他們離群索居，毫無疑問他們的自視甚高激怒了他人。陌生人絕對不可以入內──他們自行其是。

反對者講述的內部爭吵及審判的故事激起了鎮民的好奇心，慢慢地這

---

[071]　在大學城中既有居民也有學生，兩派互相爭鬥，搶奪地盤。

種好奇心轉變成了一種偏見。

然後消息便傳到了國外，稱畢達哥拉斯正在招兵買馬，準備推翻當地統治者，並奴役官員。

在某個夜晚，一隊爛醉如泥的士兵帶領一群暴徒攻擊了大學。他們點燃了這棟建築，大學成員們不是被火燒死就是在逃跑時被殺害。相傳之後有個牧羊人在山上看到過畢達哥拉斯，但很可能他也已經死在這場暴亂之中。但偉大的人是殺不死的，我們如今仍在閱讀、書寫並談論畢達哥拉斯。

第四章
柏拉圖

　　我仍然對年邁的詩人索福克里斯（Sophocles）[072] 記憶尤深。有一次他被要求回答這樣一個問題：「愛要如何跟上歲月的腳步？索福克里斯，你還是原來的那個你嗎？」

　　「寧靜，」他回答道，「很高興我擺脫了它，我感到自己就像擺脫了一位瘋狂而暴躁的主人一樣。」

　　他的這個回答經常浮現在我的腦海之中，對我來說他還是像我剛聽說他時一樣優秀。歲月必然會給人帶來更多平靜和自由的感覺，此時激情已經鬆懈下來，正如索福克里斯所說的那樣，你已經擺脫了不止一位而是許多位主人的控制。而對這些遺憾，蘇格拉底會像對親戚們的抱怨一樣去尋求源頭。它和人類的年紀無關，而是和性格和脾氣息息相關。因為一個內心充滿平靜和快樂的人，很難感覺到歲月的壓力，而擁有相反性格的人則會覺得青春和歲月就是一種負擔。

──《理想國》（The Republic）

　　有思想的人是自然這座實驗室演化出來的最新產品。蘇格拉底是第一個用一種誠實、簡單而且自然的方法，表達自己對世界的看法的聰明人。

　　從蘇格拉底因對神不敬並且汙染雅典年輕人的心靈而被宣判死刑至今，已經過去了二十四個世紀。在他去世後的十個世紀裡，牧師和軍人聯手成功地使人類失去了思考的能力。這些人阻礙了人類的進化。製造奴隸的懲罰就是，你自己也變成了奴隸。

　　鎮壓人性就是鎮壓你自己。

　　人類是一體的，三世紀的牧師和軍人並不尊重自我，他們漸漸深陷在

---

[072]　古希臘三大悲劇家之一。出身於兵器製造廠主家庭，生活在雅典極盛時期，是雅典民主派領袖伯里克里斯的朋友，曾任雅典稅務委員會主席，被選為雅典十將軍之一，最著名的著作是《伊底帕斯王》（Oedipus）。

迷信和無知的泥潭之中。這種恐慌持續了一千年之久，本身就有問題的人試圖透過武力為人們謀福。在我們的時代到來之前，開誠布公地談論宗教、經濟及社會話題都會面臨極大的危險。即使在現在，希望透過成為作家、演講家、商人或政治家而走紅的人，仍會故意隱瞞他們內心深處的信仰。例如有關房地產稅收和有無性別差異的服務者薪資的問題，如果陳述者亂說話，那麼很快就會被打入冷宮。依靠當地顧客起家的成功商人們發現，用一些連他們自己都不相信的迷信行為來促銷是一個非常有效的盈利方法。沒有哪個所謂的文明國家的統治者，能夠容忍一個自封的獨立思想家。

不過事實上，當今對自由言論的懲罰，僅限於社會和商業領域，這已經算是很大的進步了 —— 幾年前這意味著被判絞刑。

這種恐懼一直沿襲下來，讓我們腳步蹣跚，生活對我們來說幾乎變得毫無樂趣可言，它讓我們的生活成為了一場漫長的噩夢。

幻覺、謬論、恐懼不停噬咬著我們的心靈，人們瘋狂地向同類開戰。試圖停止戰爭拯救我們的人已被我們殺死。我們確實說過：「對於我們而言，根本不存在健康，複製品並沒有修復弊病的機能。」

現在我們開始進入恢復期，我們拄著拐杖蹣跚著走到陽光下。我們已經釋放了大多數舊時的進諫者，將枯燥而充滿仇恨的慰藉品扔到了窗外，開始致力於學習理解自我。指導我們行為的箴言已經存在了二十四個世紀之久，那就是，認識自己。

蘇格拉底是一名街頭演說家，他從不在乎人們是否喜歡他。對於大多數雅典人來說，他就是鎮上的一個傻瓜。雅典是個小城市（只有約十五萬人口），人人都認識蘇格拉底。流行的戲劇誇張地模仿他，時下的歌曲也

斷章取義地引用他的話，行人在街角等待滑稽的藝術家用黏土捏出他的樣子。

人人都認識蘇格拉底 —— 我猜是這樣的！

十九歲的英俊少年柏拉圖，身著代表著尊貴的紫色長袍，停下來聽這個粗魯的人講話，他付出所有卻不求回報。

眾神啊！難怪他們都誇張地模仿他 —— 他實在是個讓人無法抵抗的人。

柏拉圖微微一笑 —— 他從沒有放聲大笑過，因為那太沒有教養了。然後他嘆了口氣，又靠近了一些。

個人是無足輕重的，國家才是一切。觸犯國家就要死。國家是一個組織，我們都是其中的成員。國家的財富即是公民的財富。我們都被賜予了一小份神性，來進行學習和模仿，並對其發出驚嘆。要了解國家就要先認識你自己。

柏拉圖一直逗留在那裡，直到人群漸漸散去。這位雙眼突出、臉如滿月的老人拖著腳步在大街上走著，這時柏拉圖走上前去問了他一個問題。

這位名叫蘇格拉底的人並不是一個傻子 —— 人們錯了，他是一個從不說假話的人。對於遊手好閒的人來說，他就是一個騙子，他們會問：「他虔誠嗎？」

柏拉圖出生名門，接受了貴族的傳統教育，而蘇格拉底天生就是一個貴族。那時，柏拉圖一直胸懷大志，渴望擁有能力，得到地位，為了能夠獲得政治上的提拔而給人民留下良好的印象。他在智者學派[073]的學校學

---

[073]　西元前 5 至前 4 世紀希臘的一批收徒取酬的職業教師的統稱。他們以雅典為中心，周遊希臘各地，對青年進行修辭、論辯和演說等知識技能的訓練。教授參政治國、處理公共事務的本領。

習詩歌、雄辯以及儀態。

而如今，他立刻撕毀了自己的詩稿，因為他突然發現自己在詩歌裡所寫的並不是他真正相信的，而只是他認為寫出來會無傷大雅的東西。也就是說，他的文學作品都是一些裝腔作勢的東西。

從那天開始，有蘇格拉底的地方就能看到柏拉圖。他們並肩坐在路邊 —— 蘇格拉底講話，質問旁觀者並跟路人搭訕，而柏拉圖很少開口，只是一直在聽。

蘇格拉底又矮又胖，而柏拉圖身材修長，擁有健美的體魄和寬闊的肩膀。事實上「柏拉圖」這個單詞就是寬闊的意思，這是夥伴們給他取的暱稱。他的本名是亞里斯多克勒斯（Aristocles），但「柏拉圖」這個名字更適合他，因為它象徵著他不僅有寬闊的肩膀，而且還有著博大精深的思想。他出身高貴，外表也是如此。

愛默生稱柏拉圖是全能的人。他每天都在像海綿一樣吸收所有的科學、藝術以及哲學知識。他十分英俊、友好、優雅、親切、慷慨，至死都保持單身。他從來沒有遭受過貧窮，也沒有經歷過婚姻。

柏拉圖二十八歲時蘇格拉底去世了，他們已經日日相伴了八年之久。在蘇格拉底去世後，獨活了四十六年的柏拉圖一直在傳頌這位偉大的哲學家的功德和事蹟。

我們透過柏拉圖了解了蘇格拉底。許多同時代的人也提起過蘇格拉底並引用了他的話語，但都是一些不利於他的壞話。只有柏拉圖向我們展現了蘇格拉底的哲學，並用讓人難忘的線條勾勒出了他永恆的形象。

柏拉圖被稱為「希臘的驕傲」。他對世界財富的貢獻就是他所教授的知識為人類帶來的樂趣 —— 思想所帶給人的無限滿足。這是純粹的柏拉

圖式哲學，在崇高的思考中得到滿足，而不沉迷於肉體的享樂。柏拉圖認為青年時期的前五年應該用在抽象的思考上，不要進行任何實踐活動，這樣才能獲得學問之愛。這個理論被神學沿用至今，不過它也遭到了世界上最優秀的思想家的擯棄。人的生命是以天來計的，而不是月和年。我們必須每天鍛鍊頭腦，正如鍛鍊身體一樣。我們無法儲存健康，並隨意地在之後的年歲中使用它。身體必須要一直保持活躍。為了保持身體的能量我們必須每天耗盡這些能量。赫伯特·史賓賽認為思想是一種身體機能，是大腦某個區域細胞的一種振動——柏拉圖從來沒有涉足過這個理論。大腦作為一個器官，必須要經常使用，而不只是在五年中只使用其中的一部分，完全放棄其他部分。每天我們都要使用大腦所有的組成部分，為此我們需要一直關注生活中的實踐活動。對音樂、詩歌、藝術或辯論這些美好事物的關注於我們而言有著舉足輕重的作用。我們應該每天看一幅美麗的圖畫，讀一首美好的詩歌或是聆聽美妙的音樂，這是十分科學的想法，這種關注和欣賞的統一既鍛鍊了身體也鍛鍊了大腦，我們也會從中不斷成長、發展和進化。

我們不能用五年的時間來專注於審美練習而不去理會實踐活動，如今我們都知道，這樣做會擔負很大的風險。這裡所說的實踐活動是指本能要求我們努力謀生。無論一個人有多少錢，他都應該活得像個窮人一樣。本能對銀行餘額可是一無所知的。為了有胃口吃上一頓晚餐，你就得先去獲得你的晚餐。如果你想在夜間酣睡，那麼你就要付出身體上的勞作來換得香甜的睡眠。

柏拉圖出生於艾吉納島，他的父親在那裡擁有一座房產，他的母親是梭倫（Solon）的直系後裔。而父親的家族譜系也不甘落後，一直可以追溯到雅典最後一個君主科德魯斯（Codrus）。

蘇格拉底的父親是一個石匠，他的母親是一個產婆。所以這個兒子的出身當然備受輕視。蘇格拉底曾對柏拉圖說過：「任何人都能追溯到科德魯斯——只要給建立族譜的人足夠的錢就可以了。」看起來族譜在那時就已經和現在一樣，已經發展成了一門商業，天底下根本就沒有什麼新鮮的事。雖然出身低賤，但蘇格拉底會經常表達他對自己是「土生子」的驕傲之情，而柏拉圖、地米斯托克利之母阿斯帕西亞（Aspasia）以及很多其他優秀的人，則都來自雅典。

　　蘇格拉底屬於閒暇人士，有很多時間來進行座談，所以對於他話語中的嚴肅性還有待探討，不同的人對此有不同的見解。同樣，我們也不知道蘇格拉底或是柏拉圖所說的話到底有多重的分量。蘇格拉底從不動筆，而柏拉圖把自己的所有智慧都歸功於他的老師。這是否只是出於一種審慎或是大度呢？

　　蘇格拉底的死一定給柏拉圖造成了很大的打擊。他立刻離開了雅典，打定主意永不回來。他遊歷四方，去了希臘、義大利南部以及埃及。他在每個地方都受到了王室級的款待。

　　在敘拉古君主狄奧尼修斯（Dionysius）的盛隋邀請下，柏拉圖前去拜訪了這位可敬的人，他對哲學和文學情有獨鍾。狄奧尼修斯以自己成為了文學和藝術的「仁慈獨裁」為榮，他統治人民，照顧、教育並訓練他們。

　　一些人認為這是奴隸制度，而另一些人則稱這是社會主義。狄奧尼修斯想讓敘拉古變成全世界的哲學中心，為此他不斷要求柏拉圖來敘拉古安家並發揮他的特長——尋求真理。

　　他同意這樣做。

這很像是梅塞納斯（Maecenas）[074] 和賀拉斯（Horace）[075]，或是伏爾泰和腓特烈大帝（Frederick the Great）在簽協議。資助人高高在上，總想得到一些東西。狄奧尼修斯想為他的利他、慈善、王室的傲慢表演增添幾分色彩。但柏拉圖只是一個簡單、誠實、直接的人 —— 他得到了蘇格拉底的真傳。

前加拿大議員查理斯・弗格森（Charles Ferguson）認為，淡泊的生活並不是身穿吊帶褲，腳踏拖鞋在樹林裡生活，而是要把偽善拖出你的世界，把虛偽從你的靈魂中除去。

柏拉圖過著淡泊的生活。他想到什麼就說什麼；他討論剝削、戰爭、賦稅以及君權神授。君主是非常不幸的 —— 他們被人們蒙蔽，無法得知真相。他們一天到晚聽到的都是謊言，只能間接地一窺真相，因此他們變得無法認識真理。宮廷是一個虛假的組織，它需要不斷地得到鼓勵。除了資本家以外，沒人比國王更加膽小怕事。海涅（Heinrich Heine）說國王在睡覺時為了防止皇冠被偷，就把睡帽戴在皇冠上，所以他們總是失眠。

一無所有的華特・惠特曼 —— 他甚至連榮譽或頭銜都沒有，在光著頭走過白宮時都比俄國沙皇尼古拉（Nicholas）或是西班牙國王阿方索（Alfonso）更像個國王。

狄奧尼修斯想建立一個賢明的國家，其實他只是想讓人們認為他擁有一個賢明的國家而已。直言進諫的柏拉圖很快就被掃地出門了。

在柏拉圖走後，狄奧尼修斯仍害怕其會在雅典損害他的名聲，正如「逃跑的修女」經常做的那樣。於是他派出了一艘快船 —— 柏拉圖被逮捕

---

[074]　屋大維（Octavian）的心腹和政客。

[075]　古羅馬詩人、批評家。其美學思想見於寫給皮索（Piso）父子的詩體長信《詩藝》（The Art of Poetry）。

了，他被賣到了自己的家鄉艾吉納島做奴隸。

這一切聽起來都十分悲慘，但事實上卻是一齣陰差陽錯的喜劇——但在國王看來那就是個安全可靠的遙遠他鄉。演員德沃爾夫·霍普（De Wolf Hopper）所演繹的國王出現在了現實中。狄奧尼修斯聲稱柏拉圖欠了他的錢，於是他就以肉抵債，把這位哲學家賣給了出價最高的買家。

以勞役抵債是非常合法的，在美國至今仍存在這種現象。我對此並無偏見，只是想說明風俗是多麼地難以改變。柏拉圖是個十分高大的男人，所以不可能被偷偷地藏著。雅典的一些人效仿了詹森博士[076]的做法——他在聽說哥德史密斯（Oliver Goldsmith）[077]欠了幾千英鎊的債務時欽佩地宣稱：「難道還有如此讓人信任的詩人嗎？」就像《頑童歷險記》（*Adventures of Huckleberry Finn*）的作者馬克·吐溫（Mark Twain）在一片沙洲上建立起了自己的事業之後，羅傑斯（Henry Rogers）上校也大方地勾銷了他的欠款一樣，柏拉圖的幾個好朋友弄清了這筆錢的數目並付了贖金。

於是柏拉圖自由了，他在四十歲時回到了雅典，這時的他更加睿智成熟了。

沉默和離開，或者成為鄉間編輯口中的「手持鐮刀的收割者[078]」是被人遺忘的最佳方法。雅典沒有被人遺忘，因為她殺死了蘇格拉底，耶路撒冷也因為相似的原因而被人銘記。直到刺殺者開槍擊中了林肯（Abraham Lincoln）的腦袋，美國南部才意識到他是她最好的朋友。許多芝加哥的賢人不停地斥責這位最重要的公民阿爾特吉爾德，直到死去的他再也聽不到

---

[076] 塞繆爾·詹森（Samuel Johnson, 1709-1784），常被稱為詹森博士，英國歷史上最有名的文人之一，集文評家、詩人、散文家、傳記家於一身，《詹森字典》（*A Dictionary of the English Language*）為他贏得了「博士」頭銜。

[077] 生於愛爾蘭的英格蘭劇作家，小說家。

[078] 指死神。

任何聲音，也無法移動雙手為止。死者的口才最能讓人信服。

消失了十年的柏拉圖得到了擁戴。眾人因為他曾是蘇格拉底親近的朋友而尊敬他，因為蘇格拉底是個被錯殺了的偉人。

無論是透過司法還是其他方法都能證實，大多數殺戮的起因都是誤解。

柏拉圖被逐出敘拉古與蘇格拉底在雅典被殺害的原因相同。當狄奧尼修斯看到雅典人如何擁戴柏拉圖時，他發現所有的一切都是自己的記帳員的陰謀，於是他寫信給柏拉圖，希望他能夠回來，並表示過往不究。

那些追求理想生活的人都要經歷嚴苛的考驗。去往耶利哥 [079] 的路十分崎嶇，尤其是當我們不太確定這條路是否正確時更是如此。也許如果找到一直生活在理想中的人，我們就會發現他對此毫無概念，因為他只是全神貫注地投入工作 —— 如此地忘我。

磨練讓柏拉圖變得圓滑了。他現在知道教導不想學習的人是個失誤，一個人很可能會因此丟了腦袋。

蘇格拉底是首個民主黨人，他站在平民這一邊，為人民說話。柏拉圖也想這樣做，但用我們保險業朋友的話來說就是，他看到這項工作有著極高的風險性，為人民服務的人會被人民摧毀。鐵杉是一種非常珍貴的貨物，很少有人能夠買得起，十字架是一種代價昂貴的特權，很少有人願意為它付出代價。

第一個說出真相的人是個天才，而所有的真相在第一次被陳述時都是令人不快的。不尋常的話通常都很讓人不快。詹姆斯·羅素·羅威爾

---

[079]　古時巴勒斯坦的一個偏僻地區。

（James Russell Lowell）[080] 曾說過：「我洩露了讓人不快的真相，你看，現在不需要其他人來陳述這些真相了。」

柏拉圖是個天生的導師，這就是他的事業、他的消遣以及生活中唯一能讓他開心的事情。但他像守舊的希臘祭司一樣把真理神祕化，而沒有像蘇格拉底那樣公開真相。他在老朋友阿卡德摩斯（Academus）的樹林裡建立了自己的學校，學校離雅典有一英里[081]遠，就在去往艾盧西斯城的路上。為了向阿卡德摩斯表示敬意，學校被命名為阿卡德米。它遠離世俗，位於一個安全美麗的地方。後來柏拉圖買下了學校附近的大片土地，這樣學校就可以定在那裡了。所有的教學都是在室外完成的，老師和學生一起坐在噴泉旁的大理石長椅上，或是在滿是灌木和花朵的草地上走來走去，小鳥的歌聲讓人感到十分愉悅。雅典的天氣有點像加州南部，一年之中有三百天都豔陽高照。

柏拉圖對於言語的重視程度勝過書寫，因為他是個十分出色的作家，所以寫作對他來說是小菜一碟。也正因如此，銀行存款足夠多的人才不在乎是否身穿破衣爛衫。現代演講學校的教條是：「我們透過表達來成長。」而柏拉圖是第一個說這句話的人。柏拉圖的課程均以「問答比賽」的形式進行，他相信真理並不是由一個人告訴另一個人的，而是透過自己來發現的。

事實上，我們可以設想這種教學是非常有趣的——他們散步，躺在草地上或坐在長椅上，盡情地說笑，時不時地朗讀一篇散文以求共鳴。

亞里斯多德從他在馬其頓王國的荒野之家來到了這裡，並待了二十年，之後也是在這裡，他成為了其導師的對手。

---

[080] 美國浪漫派詩人、批評家、編輯、外交官。
[081] 約等於 1.6 公里。

　　我們可以想像出亞里斯多德這位登山者和騎手，時不時大聲抗議的樣子：他對高牆中完美無缺但不盡人意的花園，以及沙礫石的小路和孱弱的灌木叢感到萬分地厭倦。「我們的阿卡德米應該包羅一切的山谷和平原，而不是這片讓人感到壓抑、制約了我們能力的烏提卡。」[082]

　　之後便是一場辯論，主題是談論事情本身與做事情，或詩歌相對於科學的價值。

　　詩歌、哲學以及宗教都是十分古老的主題，它們的存在甚至比柏拉圖的時代還要久遠，但自然科學是在亞里斯多德的年代出現的。那時科學只是普通人的常識分類而已，是亞里斯多德而不是亞當（Adam）命名了這些事物。他聲稱分門別類地命名植物、岩石以及動物，和歸類人類幸福以及猜測靈魂死後的狀態是同等重要的。

　　當然，這種做法讓其他人對他產生了深深的誤解。他所宣導的是前人從來沒有宣導過的事情，人們無法贊同他的想法，甚至連偉大的柏拉圖都不支持他。

　　但現在這位年輕的野蠻人逐漸顯露出的天賦還是讓柏拉圖頗為高興，所有的老師都很喜歡渴求知識、學習認真並且志向遠大的學生。柏拉圖十分擅長於思考，而亞里斯多德很擅長於觀察。世人都說是亞里斯多德發現了世界。亞里斯多德在老年時曾說道：「我將自然中的物體進行歸類的嘗試，完全來自於柏拉圖一開始教導我的歸類的思想。」而四十年前柏拉圖曾說過：「是蘇格拉底教會了我如何將思想連繫到一起並進行分類。」

　　柏拉圖的作品包含三十五篇對話，還有一篇非對話形式的散文《申辯篇》（*The Apology*）。這些對話的長度從二十頁到三百頁不等，每一頁有約

---

[082]　迦太基（非洲北部，今突尼斯的奴隸制城邦，腓尼基人所建，西元 146 年被羅馬帝國所滅）西北部的一座古城。

四百個單詞,其中還包含一些當代作家引用的柏拉圖的話以及提及柏拉圖的部分。柏拉圖的作品和莎士比亞的作品一樣,都與個人無關。所有人類的思想、信仰、情感以及慾望都是從他的頭腦中慢慢滲透出來的,他允許任何人暢所欲言。

我們只能推斷柏拉圖的想法,而每個讀者也會做出自己的推斷。我們每個人心中都有自己的柏拉圖形象。一位批評家對柏拉圖哲學的最高設想也就是對他自己的最高設想。不過我們可以很合理地假設,蘇格拉底所說的話其實都是柏拉圖的想法,因為柏拉圖一生都在為蘇格拉底平反。莎士比亞所鍾愛的人物是那些可以代表他的導師的人,而不是可恨的壞人角色。

柏拉圖一生都是一個旁觀者,而不是演員。他站在那裡看著隊伍經過,並就此進行評論。他不收學費也不接受費用,並宣稱販賣影響力或思想是不道德的行為。

人們還記得拜倫(George Byron)在文學生涯初期,也處在和柏拉圖相似的位置上,他真誠地宣稱,自己不願意向僱傭者出賣天賦。

他把詩歌奉獻給了全世界。當資金短缺時,他開始與人討價還價,成為了一名以金錢來計價的藝術家,斤斤計較,沒有擔保品就拒絕舞文弄墨。

拜倫的人格並沒有受到太大的質疑,柏拉圖有固定的收入,所以了解財富是虛無的。他從不收費,只接受過一位富有的學生悄悄地留在大理石凳上的美麗珠寶,因為這是向上帝表達謝意的珠寶。他談論過很多偉大的事情,但他從未說過:「我會讓每個人都變窮,這樣他才有可能知道錢的價值所在。」

《理想國》是柏拉圖的對話中最廣為人知的讀物。它描述了一個理想的統治形式，在那裡人人都很健康快樂並且成功。它成為了湯瑪斯・摩爾（Thomas More）、伊拉斯莫斯、尚──雅克・盧梭（Jean-Jacques Rousseau）、威廉・莫里斯（William Morris）[083]、愛德華・貝拉米（Edward Bellamy）[084]、楊百翰（Brigham Young）[085]、約翰・漢弗萊・諾伊斯以及尤金・德布斯（Eugene Debs）[086]的靈感之源。而分工，即讓不同的人做不同的事這個想法吸引了厄普頓・辛克萊（Upton Sinclair），於是他將烏托邦的想法轉化成了一片橡膠林[087]，並從此被世人所遺忘。

柏拉圖的計畫旨在將人們從婚姻可能造成的桎梏中解放出來。統治者、教師以及藝術家尤其應當獲得自由，而國家會承擔一切責任。道理很簡單，他想讓他們進行自我複製。但無論天賦是後天習得的還是與生俱來的他都將其一筆帶過。同樣地，他似乎也沒有意識到「破屋是無法遮掩天才的光芒的。」[088]

柏拉圖認為，即使廢除所有的婚姻法規，結合的男女對彼此仍會保持忠誠，且涉足戀愛的政治越少越好。

至少柏拉圖在一點上是對的，他提倡性別平等，並宣稱女人不應附屬於男人。迫於經濟或婚姻而過某種生活。這對於女人來說是非常可憎的。女人是否願意養育孩子也應由自己來決定，而命令一個女人為某個男人生

---

[083]　19世紀英格蘭最重要且最有影響力的設計師。

[084]　美國小說家和記者。

[085]　在耶穌基督後期聖徒教會創始人小約瑟夫・史密斯（Joseph Smith Jr.）去世後，擔任教會首領一職。他率領耶穌基督後期聖徒教會的教友長途跋涉來到鹽湖城並定居下來。普若佛的楊百翰大學，即是用他的名字來命名的。

[086]　美國勞工組織和社會主義領袖。

[087]　指他的著作《魔鬼的叢林》（*The Jungle*）。

[088]　畫家詹姆斯・惠斯勒（James Whistler）的名言，原文是「Art happens: no hovel is safe from it, no prince may depend upon it, the vastest intelligence cannot bring it about.」。

孩子是一種傾向於奴性種族的繁殖。

奧奈達社會沿用了《理想國》中的優生學三十年之久，並取得了良好的成果。男女共夫共妻的群婚制也該壽終正寢了。已身處極樂世界的柏拉圖想必已經了解了這個事實，但當他站在地球上做著單身夢時，並沒有意識到這一點。

在分工制中每個人都做最適合自己、自己也最喜歡做的工作。人們認為每個人都有一種天賦，在必要時運用這種天賦就能得到一個機會。當今社會每次呼喚「機會均等」都會讓我們想起柏拉圖。

在柏拉圖的年代，僧侶精神就已經成為了過時的東西。僧侶精神只是在社會壓力劇增時才出現而已 —— 透過逃離來擺脫這個世界。當見習期耗盡了他們所有的精力，讓他們無力再去犯罪時，就會發生這種情況，於是他們就開始向成為聖徒這個目標努力，希望能找到一些新的刺激。

柏拉圖一直都對畢達哥拉斯的實驗記憶深刻，他所做的實際上就是柏拉圖在說的事。現在柏拉圖挑出了畢達哥拉斯哲學中的弱點，並希望構建一個想像中能經受住時間考驗的結構。

不過，像修道院和監獄一樣，所有烏托邦中的人都是被精選出來的。奧奈達社會中的人都不是普通人，他們都是一路過關斬將後被選出來的菁英。像柏拉圖這麼偉大的人，不可能只是勾畫出一個理想化的生活，而不設定符合理想化標準的人。

在世上工作，分擔他人的負擔，在其他人沒有回報的資本的情況下不要求回報。不要自恃甚高，認為自己有任何特權 —— 這就是如今最完美的理想。我們不太相信隱修制度或一神論，但我們相信一元論，也相信團結的種族。我們必須共同進步。無論畢達哥拉斯、約翰・漢弗萊・諾伊斯

或楊百翰是領先還是落後於世界，這些都不重要。大多數人都無法容忍他們的存在，於是他們充滿風險的理想主義開始漸漸被沖淡，最後變得和普通的存在一樣寂冷、暗淡，在時間的沖刷下漸漸變小直至消失。

私利是針對個人而非共產主義社會而言的。我們只有促進種族發展才能發展自我，我們只有照顧到大局才會感到高興。人類是一個整體，這就是一元論。

在這個問題上蘇格拉底和柏拉圖似乎有些分歧，蘇格拉底一生中毫無所求，哪怕是快樂，而柏拉圖則祈求和平和幸福。當然，柏拉圖的哲學中對於公正的追求是非常崇高的。

在那個美和理性盛行的「伯里克里斯時代」，沒有哪個作家能夠像柏拉圖那樣造成如此深遠的影響，所有在他之後的哲學家都深受他的影響。那些被他責罵得最多的人自然也成為了受益最多的人。如果一個男孩被教授書寫，那麼很可能當不再受老師控制時，他的第一篇散文就會公開譴責這個曾教他寫字的人。

在智力上，色諾芬從柏拉圖那裡學到的東西，其實比其他人都多，但他卻將自己的老師批判得體無完膚。普魯塔克、西塞羅（Cicero）、楊布里科斯、普林尼、賀拉斯以及其他羅馬作家們都非常虔誠地閱讀柏拉圖的著作。基督教父們讓他的作品流傳於世，將它們交到了但丁（Dante）、佩脫拉克（Petrarch）以及文藝復興時期早期的作家手中，所以他們的思想中都有著柏拉圖思想的精髓。戲劇家約瑟夫・艾迪森（Joseph Addison）曾借加圖（Cato）[089] 之口說出了如下名言：

「一定是這樣的 —— 柏拉圖，你的邏輯十分合理！」

---

[089]　羅馬政治家。

「無論這個令人高興的希望來自哪裡，它都是一個讓人喜愛的願望。渴望追隨不朽。」

「這個讓人恐懼、內心顫抖的祕密來自哪裡？它讓人一無所有。為何靈魂畏縮不前，在毀滅面前驚恐不已？我們心中的神帶來了騷亂，天堂給我們指明了未來，並展現了一條永生之路。」

艾迪森那個年代的英語作家，都像加圖和其他兩千多年以前的羅馬人那樣熟知柏拉圖。就像來自義大利亞西西城的聖方濟各曾證明過的那樣，從柏拉圖身上就可以推斷出，每個靈魂在今生之後都有來生。或者人也可以像蘇格蘭歷史學家休謨（David Hume）那樣，向世人展示自己心中的柏拉圖。一個人是活在他所受到的影響中的，柏拉圖的個人生活正在回歸大眾，成為了所有偉大激情存在的一部分，隨著植物、樹木、花朵以及飛鳥起伏波動。今天我們回頭再看柏拉圖，發現自己能夠進一步證實「活在當下，達到極致」這個想法就是思想的巔峰。我們要為了活著而活，如果真的有另外一個世界，那我們最好是做好準備。如果天堂就是一個理想國，建立在真理、無私、互惠、和平以及合作之上，那麼只有那些曾在家練習過這些美德的人才能生活在那裡。人類就是為彼此服務而生的，如此這般才能造就極樂世界。

柏拉圖是導師中的導師，像其他曾存活於世上的偉大導師一樣，他的靈魂將繼續探求真理。教導就是影響，而影響從不消逝。向偉大的柏拉圖致敬！

第五章
阿佛烈大帝

他是一位不迷信的聖人、不賣弄的學者、只為保衛國家而戰的勇士，也是聲譽從未被殘酷玷汙的征服者，是從不向逆境低頭、在勝利時也不會洋洋自得的王子——在英格蘭的歷史上，無人可以與之匹敵。

——《自由人》（*Freeman*）

尤利烏斯·凱撒（Julius Caesar），一個極富進取精神的偉人，有一個名為凱撒·奧古斯都（Caesar Augustus）的侄子。

羅馬在奧古斯都的統治下達到了鼎盛時期。奧古斯都曾說過：「這座城市以前是一片泥沼，而我將它變成了一座大理石之城！」奧古斯都保留了尤利烏斯·凱撒在位時的推動力，他繼續叔叔未曾完成的計畫，但在還沒有完成前就開始厭倦了。讓他厭倦的還有這個國家的古老，領導者既強硬又冷漠。

凱撒·奧古斯都說：「羅馬已經夠偉大了，讓我們休息一下吧。」那時他只是想說自己的忍耐力已經達到了極限，也厭倦了修路。他在這個帝國的邊界及每一條路的盡頭，都立起了一座護界神的雕像。這個神將祂的祝福送給了那些走出去的人，並對那些回來的人表示歡迎，就像飄洋過海來到美國的旅行者會看到代表著歡迎的星條旗一樣。護界神同時也成為了這個世界，尤其是鐵路圈中的一個重要詞彙[090]。

尤利烏斯·凱撒在五十六歲時被迫走到了生命的盡頭，而奧古斯都一直活到七十七歲，最後安詳地死在了自己的床上。

羅馬在奧古斯都的統治下達到了全盛時期的頂點，而沒有任何人或國家能夠在頂點停留——當到達頂點時，必然會掉到另一面去。

奧古斯都設立了他的界標，告訴全人類這就是界限所在，於是羅馬的

---

[090]　護界神這個詞也有目的地、界標的意思。

敵人開始蠢蠢欲動。依賴羅馬人的哥德人和汪達爾人學到了很多東西，其中一條就是，征服遠比生產更容易聚積財富。有一些野蠻人極富幽默感，他們想辦法拿走了護界神，把祂們帶回了家，最後將祂們砸得粉碎。這就像鄉村男孩的行為一樣，他們外出打獵，卻把鐵路標誌射成了蜂窩。

在中世紀，戰士擁有至高無上的地位。他們借著保護人民的名義搶劫他們，這是一項備受推崇的傳統，從未有人違背過它。

為了擺脫戰爭所帶來的災難，一些氏族和部落搬到了北方。南歐正處於水深火熱之中，但使挪威、瑞典以及丹麥安頓下來，這裡也孕育了諾曼人。為了在荒野之中為自己找到家園，他們與氣候和惡劣的環境鬥爭，於是他們進化成為了強壯而堅毅的人。

諾曼人居住在波羅的海的北岸，在南岸零星地分布著幾個較小的部落或氏族，他們在數量上不足以和哥德人抗衡，所以也就力求和平。他們經常被搜刮或劫掠 —— 常常到了餓死的境地。羅馬人根本就沒聽說過這些貧窮而渺小的部族，他們也從來沒有聽說過羅馬人，只是對他們的神話和傳說有所耳聞。他們住在山洞和簡陋的石屋裡，靠釣魚、狩獵、養山羊和耕作來維持生計。在西元三百年前後，他們從哥德人那裡買來了馬匹，而這些馬都是哥德人從羅馬人那裡偷來的。

他們有群眾大會，也就是新英格蘭市政會議的起源統治，所有的法律都由人民來決定，而在法律的制定上，女人和男人有著平等的權利。

在整個部落的利益處於危難之中時，他們邁出了至關重要的一步，母親的意見得到了極大的尊重，因為母親的話不僅代表她自己，還代表她的孩子。母親是操持這個家的人，「妻子」這個詞的本意是「編織者」，而尊重這位發現、製作並準備食物和衣服的家庭成員，是日耳曼人獨特的天

性。至今在堅毅的德國中產階級中仍保留著這種傳統。他們無論去演唱會還是露天啤酒店都要帶著老婆和孩子。日耳曼人在遷移中一直帶著自己的家人，而希臘人和羅馬人則把女人扔在身後。

南美洲正處於西班牙的殖民統治下，印第安人和黑人融入了傲慢的大公之中，但這兩種人身上的缺點和缺陷都被保留了下來。

移居到美國的德國人留了下來。對於他們而言，家庭就是身體的一部分。義大利人來到這裡，他們的目的是做自己能做的事，然後就打道回府。這是一種經過了改良後的變相征服。

在凱撒時期來到法國西北部布列塔尼城的羅馬人都是男人。那些依舊「娶非利士人的女兒為妻」[091] 的強壯男人，並沒有打算去統治這些野蠻的部族。注意這一點 —— 他們沒有把野蠻人提升到自己的高度，而是隨之一起墮落。孩子跟隨母親的身分，娶了印第安女人的白人也成為了印第安人，他們的孩子也是印第安人。黑人也是如此。

日耳曼民族之所以能夠征服全世界，是因為他們在遷移時還帶著自己的女人，無論是在精神還是身體方面都是如此。它的教育意義似乎就是：只有那些對自己的女人不離不棄的男人，才能在道德、精神以及經濟上獲得進一步的發展。

當提起英格蘭時我們通常都會想起不列顛群島，但最初的英格蘭位於波羅的海的南部沿岸。這是真正的盎格魯國 —— 盎格魯人的國家。他們的旁邊就是朱特國 —— 朱特人的家園，另一面是則是住著薩克森人的薩克森國。

朱特國現在仍存在於北歐的日德蘭半島中，薩克森國也在地圖上有一

---

[091] 《聖經》典故。參孫（Samson）娶了敵國非利士人的女兒為妻。

席之地。但整個盎格魯國足足遷移了一千英里，它原來的版圖成為了野蠻人曾征戰過的一個廢棄農場。

現在看吧，英格蘭以不列顛群島為供給中心，將自己的版圖擴展到了全世界。在將加萊[092]和多佛[093]分離的二十英尺的海水後面[094]，她發現了一個安全之地，她用自己的大腦和肌肉，使出渾身解數對其進行擴展。於是現在就有了盎格魯血統的美國人、盎格魯血統的非洲人、盎格魯血統的澳大利亞人以及盎格魯血統的紐西蘭人。就像土生的美國印第安人和紐西蘭毛利人曾屈服於持續向前推進的英格蘭人一樣，古老的不列顛人也曾同樣屈服於盎格魯——薩克森人。而之後薩克森人對待他們苛刻的對手過於仁慈，於是盎格魯人便占據了主動權。正如荷蘭人、德國人、斯拉夫人以及瑞典人在來到美國後，便轉換成了第二代的英裔美國人一樣，來自盎格魯國家的人也和薩克森、諾曼、朱特、凱爾特以及不列顛人融為了一個新的人種，並為他們留下了永不磨滅的盎格魯國印記。

但很明顯，透過和不同種族的人接觸、學習及通婚，英格蘭人的性格變得更加強勢了。要成長就要對他人造成影響。如果英格蘭滿足於當時的人民和不列顛群島，那麼在這之前她就早已被西班牙或是法國吞併了。站立不動就是倒退。對於人類和種族來說都是如此。英格蘭的殖民地就是她的力量所在。它們賦予了她自信、增援、沉穩——以及足夠多的麻煩，這讓她沒有辦法進行任何改革。

每個國家都有自己的青年、成年及老年時期。無論英格蘭現在是正在走向衰亡，還是經歷著她的兒童時期，殖民地都是一個人們忌諱提起的問

---

[092] 法國北部港口城市。
[093] 英格蘭東南部的港口城市。
[094] 即英吉利海峽。

題。也許正如不列顛人、凱爾特人、朱特人以及薩克森人融合成了以堅強、勇敢、不安分以及結實著稱的英國人一樣，移居到美國的英國人、荷蘭人、瑞典人、德國人、斯拉夫人融合成了一個前所未有的混合型人種。在不列顛或是其他大城市的人們已經沒有什麼新的發展餘地了，而人們在更新的土地上深深地扎下了根基，在這裡尋找著同類。

城牆保護著城裡的人，阻擋了城外的人。不列顛群島面朝懸崖，被大海環繞，這種地理位置是抵禦敵人入侵的天然屏障，但又不至於閉關鎖國。被大海環繞的國家盛產水手，而正是英格蘭的地理位置使其孕育了這種人，他們讓她成為了大海的情婦。當她輕輕地敲起鼓點迎接初生的太陽，環抱整個世界之時，她閃爍的燈塔也在保護著大海中的水手。在那裡，飢餓的大海正在布滿礁石的海岸線內等待，準備環抱這個世界。英格蘭探測了淺灘的位置、標出了岩石和暗礁，並繪出了海岸線。

薩克森人第一次在不列顛定居的時間是西元四百四十九年。他們並不像五百年前的羅馬人那樣是入侵者，他們的數目太少，武器太過簡陋，根本不足以對頭髮烏黑、膚色黝黑的不列顛人構成威脅。這些美麗奇怪的人作為珍稀人種受到了歡迎，不列顛人允許他們在此安家落戶。消息傳回了薩克森和朱特國，於是更多的人來到了這裡安家落戶。沒過幾年就來了一船帶著女人和孩子的盎格魯人，他們有著紅色的頭髮和黃褐色的皮膚，還長著雀斑。他們虔誠地播種土地，並運用了不列顛人從未運用過的智慧。自然而然地，一頭美髮的少女吸引了皮膚黝黑的不列顛人，他們結合了。於是幾個月後新的人種誕生了。一個世紀過去了，英國的海岸線從肯特[095] 延綿到了福斯灣[096]，中間夾雜著波羅的海人的牧場和房子。原住民

---

[095]　英國東南部州。
[096]　位於蘇格蘭愛丁堡北方。

開始不滿了，於是爭鬥隨之而來。勝利就取決於耐力，當不列顛人在異鄉人面前退縮時，盎格魯人留了下來。

但新的敵人——諾曼人或丹麥人又出現了。這些海中的游牧民族從不把任何人尊為主人。他們粗魯、大膽，嘲笑災難，沒有耐心建造、挖掘或是耕作。他們登陸只是為了狂歡、偷竊以及損毀，之後他們就會登上小船，遠走高飛，陶醉於自己所造成的毀滅之中。

第二年他們又回來了。勤奮節儉的盎格魯人將不列顛變成了一片遍布希望的土地、一個儲存的寶庫，在那裡，生活中美好的東西能夠被保存下來，這比創造或是生產它們更為容易。於是在共同的敵人面前，不列顛人、朱特人、凱爾特人、薩克森人以及盎格魯人團結在了一條戰線上，懲罰並趕走了入侵者。

不幸之中自有幸運——大多數的不幸都是如此。不列顛現在已經從一個區區小國變成了一個統一的國家，眾人挑選出了一位「Cyng」[097]，或者說是一位領袖——一個有著藍眼睛、黃色長髮，而且臂彎有力、頭腦清醒的盎格魯人。他是一個值得讓人民尊敬的人，他的名字是愛格伯特（Egbert）。

阿佛烈大帝於西元八百四十九年生於伯克郡宛提治，他是偉人愛格伯特的孫子、普通人埃塞爾伍爾夫（Aethelwulf）的兒子。阿佛烈非常聰明，他繼承了祖父的勇氣和執著。我們美國革命之女組織（D. A. R.）[098] 的朋友是對的，馬克·吐溫則錯了——有個好祖父真的要比有個好父親強得多。

英格蘭文明始於阿佛烈。如果查閱字典你就會發現「文明」這個詞僅

---

[097]　國王的古稱。
[098]　全稱是「Daughters of American Revolution」。

僅意味著有禮貌。也就是說，如果你很文明就說明你是溫柔而不是暴力的 —— 透過溫和有說服力的方法，而不是使用強迫、恐嚇以及武力來達到目的。

阿佛烈是英格蘭的第一位紳士，可別讓任何愛講笑話的人加上「最後一位」這句話。但也沒必要說文明的人就總是文明的，同樣紳士也不總是那麼彬彬有禮的 —— 詞語總是很少能達意的。許多紳士充其量也只是紳士間 [099] 而已。

阿佛烈既文明又紳士。少年時期他曾被送到了羅馬，這次移居給他帶來了好處。優秀的人通常都是移居的人 —— 沒有旅行過的人眼界狹隘。待在家裡就意味著擁有很小的發展空間。你既不會在土壤中尋找色彩和香氣，也不會朝著陽光伸出雙手。

在阿佛烈時代上演前的幾年裡，一位基督教的修道士出現在了市鎮艾丁，他對驚訝的盎格魯和薩克森人講述溫和的耶穌，上帝派他到世間告知世人應該愛他們的敵人，溫和、文明、摒棄暴力，他們應該對其他人做自己想讓其他人做的事情。古日耳曼人信仰的偉大靈魂的自然宗教中就有許多這方面的東西，不過現在他們要準備好迎接一些更好的東西 —— 他們有進入天堂休憩、在死後獲得幸福的希望。

基督教在受壓迫、窮困、屈服以及迫害的人民之中最為興盛。勒南稱這是一個滿懷憂患的宗教。而早期的基督教 —— 行為的宗教則是一個純潔美好的學說，理智的人們從不蔑視或責難他人。

阿佛烈的雙親滿懷對神聖的熱忱，讓一名傳教士將這個男孩帶到了羅馬。他們認為他應該成為一名教堂裡的主教。

---

[099] 指男廁所。

阿佛烈的哥哥埃塞雷德（Ethelred）繼承了埃塞爾伍爾夫的王位。丹麥人在這個國家肆虐猖獗，四處劫掠。許多年來這些劫掠的篡奪者用這片土地上產出的東西餵飽了自己的軍隊。現在整個國家的三分之二都已經在他們的掌控之下了，他們將完全征服盎格魯 —— 薩克森人，恐懼在人群中與日俱增。埃塞爾伍爾夫絕望地放棄了鬥爭，然後死去了。埃塞雷德陷入了爭鬥之中。古希臘人尋求最強壯的男人來擊退波斯侵略者，他們選擇了男孩亞歷山大（Alexander），盎格魯 —— 薩克森人也找到了溫和沉默的阿佛烈。阿佛烈那時只有二十三歲，身材纖弱修長，但卻在和哥哥戰鬥的四年中顯現出了自己的勇氣，他有著和亞歷山大及凱撒相似的品性。他有冷靜、清晰以及多變的頭腦和不可戰勝的勇氣。他還有一個勝出這兩個人的特質，那就是擁有一顆溫柔善良的心。

丹麥人過於自負以至於紀律鬆懈。一開始阿佛烈讓他們以為自己已經獲勝了，他表現得十分虛弱，將部隊召回到了沼澤中，而丹麥人的馬無法進入這種地方。

丹麥人進入了勝者的角色，開始大肆慶祝狂歡。阿佛烈為此戰制定了一個萬無一失的計畫，他訓練了手下，和他們一起祈禱，讓他們滿心相信自己將馬到成功，取得勝利。他們為了勝利前去，把丹麥人殺了個措手不及，丹麥人還沒來得及穿上盔甲或是騎上馬，就已經潰不成軍。膽小的盎格魯和薩克森人現在又找回了信心 —— 這是主的勝利，他們在為家園而戰。丹麥人被打敗了。這一切可不像我說的那麼容易，但困難、剝奪以及災難只會讓阿佛烈想到更多策略。他就像福吉谷戰役中冷靜樂觀的華盛頓（George Washington）一樣，他的士兵同樣衣衫襤褸。他也像湯瑪斯・潘恩（Thomas Paine）[100]那般大喊道：「檢驗人類靈魂的時候到了 —— 感激這

---

[100] 十八世紀美國革命期間的一位革命和思想宣傳家，他曾參與美法兩國革命，並且扮演過重要

場危機吧，它會給我們機會展示我們是真正的血性男兒。」他已將他的人民推到了一個高地，要麼就打敗丹麥人，要麼就被丹麥人殺死。而丹麥人無法殺死他們，於是就被打敗了。拿破崙（Napoleon I）二十六歲時曾是法國的主人，還將義大利踩在腳下。阿佛烈在這個年紀時成為了南不列顛，即威塞克斯和麥西亞的最高統治者。他派人圍捕敵人、繳獲了他們的武器，然後召開了一場復興布道會，要求每個人都來到懺悔席上。並沒有證據顯示他曾脅迫他們相信基督教，但他們確實是滿心歡喜地接受了它。阿佛烈就像可敬的聖經學者叨雷（Reuben A. Torrey）那樣有說服力，參與了劫掠的丹麥國王古斯倫（Guthrum）被逮了個正著，他受到洗禮，之後阿佛烈成為了他的教父，賜予他艾塞斯坦（Athelstan）這個名字，他成為了一名主教。

皈依了基督教的丹麥首領徹底失去了囂張的氣焰，於是人們迎來了和平。阿佛烈讓士兵用馬來耕田。兩支曾經互相爭鬥的軍隊現在開始並肩修路並排乾沼澤地。一些丹麥人逃回了自己的船上，但大部分都留了下來，並成為了這個國家的公民。現在還可以辨認出他們的丹麥語名字。丹麥語名字的首字母都是送氣音，比如赫伯特、休利特、哈伯德、哈布斯、哈樂德以及漢考克。美麗的「H」的發音至今還在困擾著英國人的舌頭，調整的規則就是把舌頭放在不需要它的地方，並讓它一直待在那裡。丹麥人稱盎格魯為「亨格魯」，而盎格魯人稱丹麥名亨利為「恩利」。

拯救了威塞克斯人的阿佛烈，也為英格蘭人挽救了他們的國家，他的後人以威塞克斯為中心，再一次從丹麥人手中拯救了英格蘭。

阿佛烈的統治成為了現今英格蘭的起始，正如我們稱希臘歷史學家希羅多德（Herodotus）是「歷史之父」一樣，我們也同樣可以稱阿佛烈時期的

角色，因《常識》（*Common Sense*）、《人的權利》（*Rights of Man*）等書而聲名遠播。

作家阿塞（Asser）為「英格蘭歷史之父」。最古老的英格蘭書籍就是修道士阿塞撰寫的《阿佛烈傳》（*The Life of King Alfred*）。

阿塞聽命於他並深愛著他，這無疑也使得這本書帶有強烈的個人色彩。不過裡面大部分的描述都是正確的，經大量可靠的記錄證實，只有少部分的細節是錯誤的。

在阿佛烈的時代，國王的話就是法律，而阿佛烈謙虛地公開對大眾宣稱：國王並不是神聖的，只是一個普通人。因此國王的法令應該得到群眾大會的認可，而這就是民眾政府的起源。在我的記憶中，這也是唯一一個主動將部分權利下放給人民的強勢的統治者。國王一般都不得不讓出一點利益，但像剪羊毛這麼大手筆的給予則是一次前所未有的改革，畢竟人類生存的規則就是不要主動讓出權利。

不過阿佛烈深諳民心──他深入大眾，和士兵一起睡在地上、和豬倌一家一起吃飯、和農民一起耕地。他的心中充滿仁慈，他不會高估民眾，但也不會低估他們。他相信人類，知道最後的力量取決於人民。他並沒有說過「人民的聲音就是上帝的聲音」這樣的話，但他心裡就是這麼想的。他開始教育普通民眾，預言有一天所有的成年人都能讀書寫字，並且所有人都會對管理產生興趣，且有能力做與管理相關的事情。

在英格蘭歷史中不列顛也曾有過遺憾落後的時期，因為一些英格蘭的國王忘記了人民的權利，總是騎在人民頭上作威作福。喬治三世（George III）認為阿佛烈是個野蠻人，說起他的時候總是帶著一種高人一等的憐憫。

阿佛烈引入了陪審團體制，不過有人指出這並不是他發明的。這要追溯到堅強的諾曼人身上，他們不服從於任何人，總是說起沒有法律且人民

意志高於一切的年代。事實上，它起源於「私刑」，或者說是私刑者的法規。統治者會從山谷中釋放一名罪犯，然後選出一個由十二人組成的委員會來調查罪犯的罪行並給出裁定意見。

陪審團制度首先被用在了海盜和劫匪身上。我們在這裡也順便提一句，自由主義也同樣起源於海盜和劫匪，因為他們大喊：「我們不服從於任何人！」

早期的希臘人也透過陪審團進行審判——蘇格拉底就是由一個五百名公民組成的陪審團來審判的。

但毫無疑問阿佛烈是第一個將陪審團制度引入英格蘭的人。他有著絕對的權力，是唯一的法官和統治者，但他總是在各種場合讓出王權並說：「我覺得自己無法審判這個男人，在審視內心時我看到了自己的偏見。我也不會選擇別人來對他進行審判，因為在選擇時我也可能帶有偏見。所以我們現在找出一百個人，讓大眾從中挑選出十二個人，他們將傾聽指控，掂量辯論的分量，他們的裁定就是我的判決。」

我們有時說英國的普通法建立在羅馬法律的基礎上，但我沒發現阿佛烈曾研究過羅馬法律、《查士丁尼法典》（*Code of Justinian*）或認為有必要建立一個法學系統。他的統治是最簡單的那一種。他尊重民眾的習俗，這就是普通法。如果祖孫三代都要走同一條小徑，那麼這條小徑就是屬於他們的。阿佛烈說：「即使是國王都不能把它奪走。」

這種尊重民眾的風俗習慣以及自然權利的做法，讓他成為了一個至高無上的偉大君主，因為偉人就是滿懷仁慈的人。阿佛烈能設身處地為民眾考慮。

英格蘭關於愛的法律、體制以及要求也來自阿佛烈。公平比賽的耐

心、友好、振奮和渴求也屬於他。他有著穩健、平和以及堅決的信念和從不消逝的勇氣。他虔誠如克倫威爾（Oliver Cromwell）、堅定如華盛頓、倔強如格萊斯頓（Gladstone）[101]。他集學者、愛國者的美德於一身，用哲學家的思想來最有效地處理事務。無論在大眾面前還是私底下，他的性格都毫無瑕疵，他無私地奉獻著自己的一生，照亮了這個國家。

在奧古斯都的時代，有一個學習科目比其他的都重要，那就是雄辯學，或者說是雄辯的藝術。雄辯家就是能說服別人並讓別人信服的人。

大眾論壇在原始的市政會議或野蠻人的巫術中派上了用場。雖然宏大的論壇仍然存在，但在發展和改良中，羅馬已經不再有大眾的聲音，論壇已經被政治派系的專業演說家所壟斷。

這與今日的美國政治「論壇」如出一轍。

在羅馬，誰能發表最棒的演講，誰就是最偉大的人。於是所有的羅馬母親和婦女都讓自己的兒子學習雄辯學。羅馬思想家塞內卡（Seneca）的父親開辦了一所演講術學校，富有的羅馬年輕人都在那裡學習洪亮的發音和身體語言。他一定是一個非常好的老師，因為他有一個優秀的女兒和兩個傑出的兒子，其中一個兒子還在《聖經》中留了名。

我們現在認為演講術並沒有什麼藝術價值。首先必須做的就是去深深地感受 —— 掌握資訊，如果你是一個擁有健全心智和健康體格的人，你就可以打動聽眾。如果僱傭某人用一篇演講來打動人們，那這個被僱傭的人就是訟棍，這種訟棍現在都過上了好日子。

歷史總是不斷輪迴。最近，芝加哥議事廳由於厭倦了滔滔不絕的雄辯而拒絕傾聽辯護律師的言辭，但任何為自己和其他公民辯護的人都可以在

[101] 威廉・尤爾特・格萊斯頓（William Ewart Gladstone, 1809-1898），英國政治家，曾作為自由黨人四度出任英國首相（1888 － 1874 年、1880 － 1885 年、1886 年，以及 1892 － 1894 年）。

議會前陳述自己的觀點。

首席大法官富勒（Melville Fuller）認為，某一天美國的損害案件都會由自動的審理委員會來裁決，而不需要透過律師。就像人們在郵局填表格匯票一樣，要求賠損的案件也可以這樣處理，而收取額外的酬金就是犯罪。同樣，普通公民也有可能出現在法庭或是司法機構上，讓自己的聲音被大眾聽到，而不會受到經常妨礙公正的先例以及代理律師的藉口和遁辭干擾。司法應該廉價簡單，而不是昂貴複雜。

很顯然首席大法官想採納的就是阿佛烈大帝時代的做法，那時大律師受僱於法院，他們的工作就是了解事實，然後用盡可能少的話語將其解釋給國王聽。

阿佛烈認為，無論何種有償的律師甚至是顧問，都不允許在法庭上出現，如果大律師收錢幫其他人打官司，他就會被取消律師資格。

不過要求大律師出庭打官司的呼聲越來越高，最後這個尺度也漸漸變得寬鬆起來，人們會對無法阻止的事情頒發許可令。在每個大律師的兩肩之間都有一個口袋，客戶們可以偷偷地在這個口袋裡放一些他們承受範圍內的報酬。

但這種由普通客戶而不是法庭向律師付費的方法，幾百年後並沒有被人們所採納，雖然人們認為這種方法能有效控制訴訟案件的數量並懲罰自找麻煩的笨客戶。

如今這種口袋仍存在於英格蘭，它看起來就像是外衣後面的按鈕一樣，人們曾用它來支撐劍帶。

美國早已擯棄了律師的假髮和長袍，雖然在波士頓曾有人說將近一半的律師大多數時間都在試圖欺騙和迷惑法官及陪審團，阻撓司法公正，但

律師在法庭上仍然受到尊敬。同樣，我們現在仍然在用「法庭」這個詞，它的意思是王室居住的地方，即使是再髒再小的法庭都使用這個名字。

阿佛烈大力推崇教育，為此他在牛津建立了一所學校，由他的朋友阿塞執教，這就是牛津大學的起源。這所學校裡還有一座農場，男孩們在這裡學習如何最有效地播種、種植及收割。他們還在這裡養馬和牛，而照看牲畜也是一門課程，這是歷史上第一所農業大學。

到這裡我們十分驚訝地看到，現在人們又回歸了簡樸，農業大學又得到了它應有的尊重。二十年前人們認為農業大學多少有點像開玩笑，但現在它為國家增加了大量的財富、幸福以及安康，人們視它為值得支持和尊敬的大學。

英格蘭在阿佛烈的年代到來之前並沒有海軍，管理者擁有船隻似乎是件非常荒謬的事情，因為人們來到英格蘭是為了定居，他們並不像諾曼人那樣，只想進行開拓和征服領地。

但阿佛烈在丹麥人戰敗成為了公民後改裝了他們的船，並建造了更多。他說：「再也沒有任何侵略者能夠踏上這片海岸，如果遭到威脅，我們就在海上與敵軍短兵相接。」

不出幾年就來了一隊挪威人，負責警戒的英格蘭船隻發出了警報，英格蘭的海軍出動了。敵人被打了個措手不及，且五百年後的西班牙艦隊也遭遇了同樣的命運。

從那時起至今，英格蘭有了一支逐漸強大起來的海軍隊伍。

不要設想阿佛烈會獲得片刻安寧，他的一生就是一場戰鬥。他不僅要和丹麥人進行戰鬥，還要和國內存在的無知、愚蠢以及迷信抗爭。領導人們走出奴役是一項徒勞無功的任務。他們總是在別人試圖停止其迷信行為

時間道：「你能報答我什麼呢？」他們並沒有意識到迷信是一種疾病，而讓更多的人染上疾病並不是一件好事，也沒有任何必要。

　　阿佛烈五十五歲時去世。無休止的教導、修建、謀劃、發明以及為他的人民想出更多謀福利的方法使得他勞累過度。

　　在他死後，丹麥人成功地侵占了英格蘭。克努特（Canute the Great）成為了英格蘭的國王，他以自己是英格蘭人為榮，並宣稱自己已不再是丹麥人。

　　英格蘭捕獲了他的心。

　　之後諾曼人威廉（William I）宣稱自己有權繼承王位，並成功地得到了它。但英格蘭的人民認為這位征服者和他們有著一脈相承的關係，是他們的朋友和親屬。他發布了一項法令，禁止任何人稱他或他的追隨者為「諾曼人」、「挪威人」、或「諾斯曼人」，並宣稱這是一個聯合的英格蘭王國。於是直到死去他都是一名英格蘭人；在他之後的九百年裡沒有任何人透過征服坐上過盎格魯的王位。

　　克努特和威廉都認同並稱讚阿佛烈所制定的法規的價值。也正是阿佛烈的美德讓日耳曼部族能夠環抱世界。正是阿佛烈教導人們學會了勤奮、耐心、忠誠、堅持以及心中擁有信仰和希望。透過筆授口傳，終其一生，阿佛烈都在教授我們應當被珍視的真理。

第六章
伊拉斯莫斯

　　我們可以看到，力求得到神賜美德的凡人中，很少有不是為了成功而純粹只是出於對美德的熱愛。他們漸漸衰弱，開始用不連貫的話語將它變得晦澀難懂，連篇的廢話讓人毫無樂趣可言，也讓那些可憐的聽眾耳朵背上了更重的負擔。而使用這種模式寫作的作家，在長篇大論地闡述時，只是徒勞地展示著自己的蒼白無力。

—— 伊拉斯莫斯《傳道》（Preaching）

　　伊拉斯莫斯生於西元 466 年，卒於 536 年，是那個時代最有影響力的思想家。他的作用至關重要，有人說他本人就是文藝復興的智力核心。

　　當代的評論家眾口一詞地指責他 —— 這將他推向了我們。

　　幾個高權在握的牧師，就靠辱罵來試圖和他搭上一些關係。就讓這些批評家壯起膽子罵吧 —— 雖然他們只是吹毛求疵而已，但他們也可能借此機會讓人們記住他們。就讓他們耍小聰明去吧，然後再朝著某個乘著馬車去了某個星球的人挑挑揀揀、奚落噓叫，這就是獲得不朽名聲的方法。伊拉斯莫斯是一個離群索居的修道士，在荒謬無比的修道生活中找到了消遣。同樣，他也是那個時代最睿智的人。智慧就是經過經驗證實的、濃縮的直覺精華，學問又是另一回事了。通常博學的人都是在深深地鑽研後展翅高飛，很少有人潛入水下去挖貝殼。在那些展翅高飛的人中，只有少數人會回來告訴我們他們的所見所聞，而像拉撒路（Lazarus）[102] 這樣的人從不吐露半個字。

　　伊拉斯莫斯很有幽默感。幽默感就像是一件救生衣，在你跳入布道的大海中時，它能讓你免遭不幸。一個不大喜歡笑的神學家是很容易爆

---

[102]　又稱拉匝祿，是在《聖經‧約翰福音》中因得了癲癇病而死，最後被耶穌復活的人。拉撒路是耶穌的好朋友，也是馬利亞（Mary Magdalene）和馬大（Martha）的兄弟。拉撒路的復活是聖經記載的 9 次復活中的一次。他也是經歷過 2 次死亡的人之一。

發的 —— 他是個危險分子。伊拉斯莫斯、路德（Martin Luther）、比徹、狄奧多‧帕克（Theodore Parker）[103]、羅傑‧威廉斯（Roger Williams）[104]以及約瑟夫‧帕克（Joseph Parker）[105]都隨心所欲地大笑。喀爾文（Jean Calvin）[106]、柯頓‧馬瑟（Cotton Mather）[107]以及喬納森‧愛德華茲（Jonathan Edwards）[108]從來不咯咯地歡笑，也不會因自己或其他人的俏皮話發笑。

伊拉斯莫斯笑了。他曾被稱為當時的伏爾泰，而盧梭和伏爾泰的恩怨就像他和路德之間的恩怨一樣。法國哲學家狄德羅（Denis Diderot）說伊拉斯莫斯下了蛋，路德將它孵了出來。伊拉斯莫斯為受過良好教育、舉止優雅以及博學多才的人寫作，而路德則吸引了普通民眾。

路德分裂了教宗的權力。伊拉斯莫斯認為這是一個災難，因為他認為，教派間的爭鬥會讓人們看不到宗教的本質 —— 和諧。這會導致他們為了勝利而互相爭鬥。伊拉斯莫斯想整頓教宗勢力的羽翼，挫平它的利爪，而路德則情願將其毀滅。伊拉斯莫斯認為，從社會層面考慮，教堂是一個非常有用且有必要存在的機構。它能調節生活和行為，讓人變得「得體」，它應當成為一座倫理學學校，為人類造福。人是團體動物，天生渴望聚集，而宗教就是聚集的藉口。羅馬教並不只有兩千年的歷史，它的歷

---

[103] 美國神職人員。與拉爾夫‧沃爾多‧愛默生和威廉‧艾勒里‧強尼（William Ellery Channing）一樣，帕克也是新英格蘭先驗主義者。作為一名廢奴主義者，帕克曾為逃跑的奴隸提供幫助，是協助約翰‧布朗（John Brown）襲擊哈珀斯費里軍工廠的祕密委員會成員之一。此外，他也曾為禁酒運動、監獄改革以及婦女權利而奮鬥。

[104] 英國神學家。

[105] 英國新教徒。

[106] 法國基督教新教喀爾文宗的創始人。

[107] 著名清教徒神學家。

[108] 美國出色的神學家，十八世紀美國大覺醒運動的領導者，同時也被視為美國哲學思想的開拓者。

史長達一萬年，並可追溯到埃及時代。

在這一點上伊拉斯莫斯和路德產生了分歧。路德是個獨斷論者，只想討論他的《九十五條論綱》[109]。伊拉斯莫斯嘲笑宗教分歧，並稱這會讓他們陷入層層迷霧。於是人們說他不真心向主，普通人並不了解，只有似非而是的雋語才是真實的。因此天主教徒痛恨伊拉斯莫斯，新教徒也譴責他。

讓人驚訝的是，帶著鐐銬和枷鎖追隨他的人們並沒有任何企圖，五十年後他還是會自然死去。但當時的羅馬，容不得任何人的批評。除此之外，那個時代有著太多的嘲笑者、反抗者、智力競爭者、較量愛的人和為愛受傷的人，還有很多墮落的修道士，多得讓統治者無從管理。每個人都忙著自己的事情，那是多麼美好的時光呀！

伊拉斯莫斯是義大利文藝復興必不可少的組成部分。他的文字點燃了熊熊大火，讓我們記住了那個難忘的 1492 年。他是這場大動亂的一部分，亦是他助長了這場偉大的動亂。偉大的覺醒與復興都發生在充滿疑慮的時代，一個守舊的時代就是充滿苔蘚、地衣、鏽跡和破敗的年代。我們只有透過質疑才能獲得成長。只要確定現今的制度是最合適的，我們就為它放行。而生活在同一時代的哥倫布（Christopher Columbus）、路德、墨蘭頓（Melanchthon）[110]、伊拉斯莫斯、米開朗基羅（Michelangelo）、李奧

---

[109] 《九十五條綱論》（*Ninety-five Theses*）是馬丁·路德於 1517 年 10 月 31 日張貼在德國威登堡城堡教堂大門上的辯論提綱，現在被普遍認為是新教的宗教改革運動之始。

[110] 德意志宗教改革家、人文主義者。生於巴登。原名斯瓦爾茲德（Schwartzerdt）。先後就讀於海德堡和杜賓根大學。1518 年經舅父羅伊希林（Johannes Reuchlin）介紹到威登堡大學教授希臘文。他在教學中宣傳人文主義思想，認為神學和社會的出路唯有回歸於古希臘、羅馬和基督。後被薩克森選侯任命為神學教授。1517 年馬丁·路德提出《九十五條論綱》，他積極回應，成為路德的得力助手。

納多[111]以及古騰堡（Johannes Gutenberg）[112]可從來沒做過這樣的事。1492年就像1776年一樣，本質上都是「不信教」的一年，就像我們如今處在一個人人爭相打破傳統的年代一樣。鐵路工人說：「每天早餐之前我都會扔一個發動機。」這表達了一個偉大的事實，那就是我們為了得到好東西而擯棄壞東西，而為了更好的東西扔掉好東西。

荷蘭鹿特丹城有幸成為了伊拉斯莫斯的出生地，而終其一生，他的非法出生都招致了無數的誹謗汙蔑。一位高級教士在自己受俸的神壇前召集起教士們，自恃甚高地說道：「伊拉斯莫斯根本沒權利出生。」但靈魂敲響了生命之門，事實上人的存在即證明了他有存活下去的權利。上帝的字典裡根本沒有「私生的」這個單詞。如果你不知道，那麼就說明你還沒有讀過關於祂的那些具有趣味性和教育意義的著作。

對於他母親的身分，批評家們給出了五花八門的答案，這其中包括王室女性、醫師的獨生女、廚房女傭以及女修道院院長，一切都是先入為主的偏見在作祟。從某種意義上來說，她確實是一個女修道院院長[113]——就讓這些謊言互相抵消吧。

事實是，我們並不知道伊拉斯莫斯的母親是誰，我們只知道她是伊拉斯莫斯的母親。歷史在這裡暫停了。她的兒子曾告訴湯瑪斯‧摩爾爵士她在第一個孩子剛剛出生幾個月後嫁給了一個倒楣的無名氏，然後在缺乏愛和黑麥麵包的情況下養育了無名氏的一大群孩子。她很樂於忘記自己早年的過失，但父親並不這麼想。這裡正要解答的就是男人是否擁有父愛的問題。

---

[111] 指李奧納多‧達文西（Leonardo da Vinci）。

[112] 德國活板印刷發明人。

[113] 英文中的女修道院院長是「Mother Superior」，也可以理解為至高無上的母親，此處作者意在雙關。

伊拉斯莫斯的父親叫格哈·馮·普拉特（Gerhard von Praet），這個孩子被稱作格哈·格哈茲（Gerhard Gerhards），或格哈之子。父親是個富有的人，是國家的官職人員。這個天才嬰兒出生時，格哈·馮·普拉特並沒有結婚，我們可以很合理地推測，他之所以沒有娶孩子的母親，是因為她屬於不同的社會階層。不管怎樣，孩子隨了父親的姓，這位小小的來客也受到了無微不至的關懷和照顧。這位父親和大部分溺愛孩子的母親一樣愚蠢，他為沒有母親的孩子編織了一個偉大的職業生涯，並且做出了各式各樣的預言。

當其他孩子都還在挖沙椿的時候，這個六歲的孩子已經開始學習拉丁文了。八歲時他學會了荷蘭語和法語，並用希臘語和他的保姆爭論酪乳的價值。

與此同時，父親結了婚，並成為了一位可敬的鄉紳和牧師。這個沒有母親的孩子這時正在一所私立學校中就讀，成績優異。

父親在男孩十三歲時去世了，他在遺囑中給這個孩子留下了豐厚的財產，我們的主角在成年後就能拿到大約四萬美元。

幸好，這筆資金的受託人是一些法律之狼，他們想方設法地想要廢除遺囑，於是他們在法庭上聲稱這個孩子出處不明，根本沒有任何合法的權利。然後他便被送到了一所孤兒院，在那裡接受「正確的宗教教育」。這是一個奇怪的舊時代，沒人知道如果格哈·格哈茲繼承了父親的頭銜和土地，那麼事情又會如何發展。也許他的腰身會漸漸變粗，成為一個受人尊敬的市長。而他現在成為了修道院中的勞工，負責擦洗石地板，並在身穿修道士服的虔誠主教的呼喝聲中不斷奔忙。

然後他為修道院的院長謄寫檔，並證明了他是一個來自密蘇里州河谷的男孩。

他的身材纖弱瘦小，長著藍色的眼睛和一頭金髮，鼻子很長，稜角分明。「用這個鼻子，」阿爾布雷希特・杜勒在許多年後說道，「他成功地追求到了除了異教的一切東西。」

十八歲時他已成為了一名修道士，並驕傲地削去了他淡黃色的頭髮。他的導師很喜歡他，並預言終有一日他會成為一名主教或是什麼大人物。

孩子並沒有太多痛苦，即使有也不會持續很久。上帝對他們是仁慈的，他們進入一個環境便會融入其中。這個孩子學會了躲開修道士們光著的大腳 —— 汲取了教訓，運用他的聰明才智耍了愚蠢的他們，事實上他贏得了他們的欽佩，或者說贏得了這些既是苦行僧又是浪子的男人們能給出的所有欽佩。

也正是在這時，人們嘲弄這個男孩沒有名字。然後他高傲地回答：「那麼我就給自己取一個名字。」

現在他已經進入了見習期，他可以自己選擇一個名字，脫胎換骨，讓過去的自己為世人所遺忘。

他們叫他德西德里烏斯（Desiderius）兄弟，然後他使用希臘文「伊拉斯莫斯」改進了這個拉丁文名字，它的意思是「深受愛戴的人」。因為他的身世或他所缺乏的身分讓他有一種其他人所沒有的驕傲感，這種感覺讓他顯得與眾不同。他有同父異母的兄弟姐妹，但他們在他眼裡只是陌生人。他們來探望時他說道：「如果沒有精神上的共鳴，那麼靈魂之間就沒有任何關係。」

在寫給朋友的信中，他的風趣顯露無遺：「兩個父母是定律；無父無母是例外；有母無父並不罕見；但我有父卻從沒母。一個男人將我撫養長大，一群修道士給予我教育，這一切都多多少少地證明，女人是多餘的

造物。上帝自己也是個男人。祂有一個兒子，但是沒有女兒。小天使是男孩，所有的天使也都是男性，《聖經》上已經告訴我們，在天堂裡沒有女人。」

不過，伊拉斯莫斯恰巧正在給一個女人，也就是引發這場爭辯的主角之一寫信。他是個愛說笑的人。而女人並沒有占用他太多的時間。我們發現他經常在旅途中轉頭去拜訪聰明的女人 —— 畢竟對他來說，再也沒有什麼比這更吸引他了。

想成為宗教團體的一員你就得聽命於它。你是在用自由交換保護。伊拉斯莫斯厭惡修道院的生活。他討厭那種典型的修道士生活，討厭他們的食物、他們生活的方式、他們的詭辯以及愚蠢。他說一旦人們開始過一種不正常的生活，他們就會樂於把貪圖享受和接受愚笨看作是從宗教中得到的安慰，這是世界上最自然不過的事情 —— 美好的食物、講究的服務以及結合了精神層面的養生方法。除非女人們在場強迫他們體面一些，否則男人們就用手直接在鍋中吃飯。女人孤單一人時則比男人更可憐 —— 如果有這個可能的話。

人類透過競爭獲得成長，性別的差異讓男人和女人各自都有良好的舉止。

男人渴望權利，並成為了慾望的奴隸。伊拉斯莫斯寫道：「在修道院中，沒人有良好的舉止，除非有客人在場，我得知人們在家庭中也是如此。」

多油粗糙的食物讓可憐的伊拉斯莫斯嚴重消化不良，而這個問題在他有生之年裡也一直困擾著他。他的消化系統太精細了，無法適應修道院中粗糙的食物。但這也讓他在空閒之餘發表了各式各樣的意見。我們聽說他

有一次在一張卡片上寫了這樣一句名言：「如果我擁有地獄和一間修道院，我寧願賣掉修道院住在地獄裡。」威廉‧特庫姆賽‧薛曼將軍[114]的一些思想源自伊拉斯莫斯，薛曼在戰前是美國路易斯安那州首府巴頓魯治一所學院的教授，很顯然他曾刻意地研讀過拉丁名著。

在伊拉斯莫斯生活的修道院中，只有印刷工具能和他扯上關係。這位多才多藝的年輕修道士學會了如何使用這套工具，他熟練地運用擦墨球墊，操縱工作桿。很顯然，從某種程度上來說，他用隨時待命的筆頭和能言善辯的舌頭打發了修道院的無聊時光。他為自己的耳朵而寫，所有的東西都是寫了之後用來讀的。在那時偉大的作家並不像印刷工人那麼睿智或機靈，於是伊拉斯莫斯對這些文本進行了大量的校正修改，使其成為了我們現在看到的這個樣子。

伊拉斯莫斯從寫作中學習寫作，他是第一個擁有自己獨特文學風格的現代散文作家。他的語言簡單、流暢且富有啟發性，頗具深意。這是一種天賦，它比文字更有力量。

如果伊拉斯莫斯再多一點耐心和外交手腕，他就能躋身主教行列，但被他大肆吹捧的那件事正是導致他和他的朋友失敗的原因。

二十六歲時他已經成為了那裡最好的教師和最聰明的學者。同樣，他也被視為修行生活中的一根刺，因為他從不把修行當回事。他抗議說從沒有任何人是自願變成修道士的 —— 他們不是被壞心腸的親戚逼迫，就是被命運踢進修道院。

這時康布雷地區的主教因重大的歷史因素正動身前往巴黎，他必須找一個有能力的祕書，而在文學方面他也遇到了一些麻煩，需要一個能幫他

---

[114] 威廉‧特庫姆賽‧薛曼（William Tecumseh Sherman, 1820-1891），美國南北戰爭中的聯邦軍將領，因火燒亞特蘭大和著名的「向海洋進軍」而聞名於世。

改手稿的年輕修道士來協助他，只有精通拉丁語和希臘語的學者才能擔此重任。於是修道院的院長推薦了伊拉斯莫斯，這和美國作家阿特姆斯‧沃德（Artemus Ward）自願推薦所有他妻子的親屬參戰的目的是一樣的。

鋼鐵大王安德魯‧卡內基（Andrew Carnegie）有一次在啟程去歐洲時對他的工廠廠長比爾‧瓊斯（Bill Jones）說道：「比爾，我從未感到如此快樂、幸福。站在船的甲板上眺望歐洲，看著沙溝海灘從視線中消失真是件樂事。」

比爾嚴肅地回答道：「卡內基先生，我可以發自內心地說，你站在船上眺望歐洲時，是我和工人們最無憂無慮的時刻。」

卡內基先生立刻作出了恰當的決定，將比爾一年的薪資增加了五千塊。

教會的兄弟用虛假的眼淚告別了伊拉斯莫斯，事實上他們大大地鬆了一口氣。

然後伊拉斯莫斯便開始了他的旅行。

主教是一個中年人，骨子裡有一點騎士精神，所以他更願意騎馬而不是坐馬車。於是他們就在馬背上開始了旅程，主教走在最前面，祕書伊拉斯莫斯跟在他身後，並保持著一定的距離。十步之外是他們作為後衛的僕人，馬背上滿載著行李。

騎著馬自由自在地面對整個世界！伊拉斯莫斯高興地念了一篇祈禱文。他說這是他第一次產生感激之情，這也是第一件值得他感激的事情。

於是他們向巴黎前進了。

伊拉斯莫斯回頭望向了他待了十年的修道院，它漸漸消失在視野中。

這是他迄今為止最開心的時刻，世界的畫卷在他面前展開了。

康布雷主教將伊拉斯莫斯帶入了一種讓他如魚得水的生活方式：到處旅行，接受榮譽、款待以及所有其他方面的好事情，而他也用優雅的社交給予回應。這位好主教在所到之處都受到了熱烈的歡迎，家家戶戶的門都為他敞開。他是一個神職人員——這就足夠了。伊拉斯莫斯也受到了歡迎，因為他長得很帥，很會說話，並且和最優秀的人都不相上下。

那時的歐洲到處分布著修道院、修女院以及其他一些教堂機構，它們的遺跡現今仍保存完好，映入眼簾的都是教堂的尖塔，但教堂曾經擁有的龐大勢力已不復存在。許多一度充滿生活氣息的走廊、通道、禮拜堂以及園林如今已成了斷壁殘垣。

加州「教區」的成立屬於歐洲修道院的整體規劃。他們提供了一個用於夜晚休息的小木屋——這是供旅行者休憩的地方，還有一個教育中心。

在加州，這些「教區」彼此相距四十英里 [115]，也就是說在各個教區間往返需要兩天的時間。在法國、義大利以及德國，它們之間的距離是十英里 [116]。在它們之間是一幅朝聖者的畫卷，其中有老有少、有男有女，正騎著馬匹或乘坐馬車奔赴下一個教區。不管是身處別處還是待在家中，這都是教堂權貴最樂於看到的場景。

教堂機構的這部分是可以互換的，它是一個可以遷移的系統，那裡的生活十分愜意。我注意到洲的銀行機構在各個城市間也有很多分支，他們的出納員就奔波於這些分支之間。這種做法起源於羅馬。羅馬是一個非常睿智的國家，她的政策都是全世界的智慧的結晶。教堂的激進分子吶喊著：「這個世界是屬於基督的。」這個口號只意味著人類對權力的

---

[115] 約等於 64 公里。

[116] 約等於 16 公里。

貪欲，而基督只是一個藉口，教堂本來就是一個人造的機構。建造教堂的目的是讓人類遵循她的欲望，而不可思議的是她關於天堂的許諾、地獄的威脅以及對當下權利的緊緊掌控 —— 即社會和軍事兩方面 —— 有時她的掌控也會變得有些鬆懈。我們的自由應歸功於薩佛納羅拉（Girolamo Savonarola）[117]、路德以及伊拉斯莫斯這樣的人。這些人更注重真理而不是權力，他們運用自己的影響力粉碎了僵化的習俗，讓人類開始思考。而思想是一種精神炸藥，難怪教堂一直都害怕並痛恨思想家！

康布雷主教並不是一個思想家。之後他的繼任芬乃倫[118]，讓康布雷這個主教轄區得以流芳百世，被世人銘記。陳規會逐漸消亡，但異端的觀點將永遠存在。他們擺脫了十字架，前仆後繼地奔赴絞刑架。

於是康布雷的主教和他淺色頭髮的小祕書開始了他們的名譽和財富之旅 —— 主教因這個祕書而留名青史，而祕書則因為成為了一個偉大的導師而被世人銘記。

每到一處停留之地主教都會長時間地布道，勞動者、學生、以及見習期的修道士都會放下手中的事情，前來傾聽這位偉人唇間吐出的鼓勵之詞。偶爾伊拉斯莫斯也會被主教推到前面說幾句話，看看他是否虔誠向主，而這位主教自己還要看事先準備好的祈禱文。這些臨時組合起來的朋友們喜歡主教身邊的這位年輕人，他非常聰明機智，說起話來毫不避諱。這些人常常爆發出大笑聲，以前根本不見笑聲的地方，現在只要有兩個人在，就會帶起一片笑聲。

他們悠閒地策馬前進，偶爾在一些擁有上等佳餚的地方逗留幾天。修道院裡總是有一些為重要來賓準備的貴賓室，他們經常待在那裡。

---

[117]　義大利宗教及政治改革家。

[118]　芬乃倫（Francois Fénelon），法國天主教神學家、詩人、作家。

每一座教堂在某種程度上都是一間大學，當然這要看主教或是院長的包容力了。這些令人愉快的旅行和朝聖就是當時的日報、西聯電報以及電話。時光倒回，恐怕墨丘利（Mercury）信使現在都是給他在遠方的當事人打電話，而不會親自上門 —— 天使加百列（Angel Gabriel）[119] 也是如此。在此略去不談，但我們想念親自上門拜訪的感覺。

僧侶精神是建立在人類的需求之上。像大多數好事一樣，它也會不幸被人扭曲，但保護苦難靈魂聖地即避難所的這個想法，永遠都不會從人類心中消失。救濟院 [120] 這個詞的意思是熱情好客，但我們現在只有一座旅館和一所醫院而已。後者代表著碘酒、碳酸以及福馬林，而前者經常意味著黃金、誘惑、暴食以及赤裸裸的自私自利。一端是痛風，另一端是局部麻痺，中間則是腎炎。

救濟院隸屬於修道院，它是流浪人之家。那裡有各種博學的人、風趣的人、有腦子也有肌肉的人。你進入其中就會有家的感覺。這裡是不收費的 —— 你只需為窮人留下些什麼即可。

任何足夠相信人性且有勇氣在美國建立救濟院系統的人，都應該獲得一個大大的獎勵。如果他能像林賽（Benjamin Lindsey）[121] 法官對待他的壞小子那樣，相信自己的客人，那麼他就會成功。但如果他稍有猶豫、延緩、懷疑並開始祕密謀劃，那麼破產的仲裁人員就會召喚他。

早期的大學就是從僧侶精神中成長起來的。學生出出進進，教師們也做了大量的外勤工作。人類是一種遷移動物，其進化始於環境的改變。遷移將種子變成玫瑰以及所有我們溫室和花園中的產物的祖先，它們曾生長

---

[119] 七大天使之一，傳送上帝給人類的好消息的使者。
[120] 指由宗教團體開辦的旅客招待所。
[121] 美國社會改革家。

在灌木或是野外的空地中，慘遭無情的比賽以及漫不經心的踩踏蹂躪。

大學生活的好處就是遷移，它讓一個男孩從家庭環境中走出來，切斷了連接他和「大夥」的那條線，於是他能夠遇見新面孔、看到新世界、聽到新布道、遇見新教師且不斷的努力將讓他獲得成長。亞歷山大・洪堡德（Alexander von Humboldt）[122] 是對的，在學校裡待一年要比待四年安全。一年可以激勵你，而四年可能會讓你變成滿懷偏見的書呆子，很難再取得什麼發展。

未來的大學將變得工業化，所有人都可以出入大學，成為大學生，因此人們不會再因為徒有頭腦而自視甚高。不是為了記憶和背誦，而是為了實用的知識和工作才讀書。

教授們將可以互相交換思想，且腦力知識的輪換有助於健康、和諧以及效率。

團體或學院將變成一個統一的聯盟，而不是家庭式的 —— 學院曾是男人和女人為了共同的思維、宗教或經濟利益而組合成的團體。

我們將回歸這種團體或學院的想法。

人是團體動物，基督關於給予一切且得到一切的想法，將在不久的將來成為現實。獨占的慾望必須被捨棄。

大學旨在傳授實用的知識，藝術是它的至高境界。頭、手以及心將會遍布這個文明的世界，救濟院將以更高級的面貌回歸，我們對「殷勤好客」這個詞的用法，將被浸在下午茶、塞在乳酪薄餅中。我們把它從節約

---

[122] 德國科學家，與李特爾（Carl Ritter）同為近代地理學的主要創建人。是世界第一個大學地理系 —— 柏林大學地理系的第一任系主任。著名的博物學家、發現者，在物理、化學、地理、礦物學、火山學、植物學、動物學、氣候學、海洋地理學、天文學上均有建樹，對經濟地理學、人類學和人口統計學也有研究。是植物地理學的創始人。

的神經質媽媽、以及奸詐的陪伴監督人那裡救了回來。一個建立在愚蠢之上的散沙社會必須要讓位，而普及的大學以及強壯、健康、有益、忠誠的友誼和男女搭配的優勢將取代它。

我們這位主教的目的地就是巴黎大學。

在荷蘭逗留了幾日後，主教和他的祕書在限定的時間內到達了目的地。他們在此進行文學工作，伊拉斯莫斯利用閒置時間熟悉了巴黎的美麗和奇觀。在任務完成後主教開始返程計畫，並想當然地認為他的祕書是他的附屬，必將跟著他回去。但伊拉斯莫斯有自己的想法，他早已搜羅了一小幫追隨自己的學生，他用自己熱情洋溢的個性征服了他們。在這個時候，人們並不把窮困潦倒的人當回事，且不管怎樣，貧窮都是相對而言的。很多修道士都和同伴一起背著行李艱難地跋涉，但伊拉斯莫斯並沒有這樣做。

康布雷的主教在和伊拉斯莫斯離別之際還非常為他著想，他將他騎的那匹馬送給了伊拉斯莫斯。

伊拉斯莫斯開始在巴黎做一些短程的旅行，帶著他的一兩個學生做僕人或隨從。那時的教授是沒有什麼共同基礎的，每個學生都可以選擇自己的導師，直接付給他報酬。

伊拉斯莫斯在巴黎的學生中有一個名叫蒙喬伊（Mountjoy）勳爵 [123] 的年輕英國人。他們對彼此都產生了極大的影響，之後伊拉斯莫斯和蒙喬伊一同返回了英格蘭。

伊拉斯莫斯在倫敦同樣也遇到了許多博學的人士。聽說他曾在倫敦市長家吃晚飯，還在那裡遇到了湯瑪斯·摩爾爵士，並與他進行了劍拔弩張

---

[123] 伊莉莎白一世（Elizabeth I）時期的指揮官以及詹姆士一世（James I）時期的愛爾蘭總督。

的激烈辯論。

伊拉斯莫斯似乎將「新人文主義」帶入了英格蘭。據說「新人文主義」在 1492 年第一次被提出，而人們直到 1776 年才對其有了一定認知。這個說法幾乎是無據可考的，因為在 1492 年，歐洲的大學中已經興起了恢復希臘文化的神學科學派別，且隨著人類的尊嚴和價值的提升，這個思想也逐漸興盛起來。伊拉斯莫斯將他與生俱來的熱情帶入了這個運動之中。也許他和其他人做的一樣多，他們將星星之火吹成了一場名為「改革」的燎原大火。

他時常嘲弄舊時神職人員的苦行清修、賣弄學問、自負自大以及一知半解，而當有新問題時他就會問：「它有什麼好呢？」

對於每件事他都要進行這種常識的檢驗：「它能給出什麼且人類要如何從中獲益？」

因此這個日漸壯大的派別的口號是：人類獲益並非上帝的光榮。

伊拉斯莫斯在劍橋、牛津以及倫敦演講並授課。義大利曾是他旅行的目的地，但英格蘭在一段時間裡攔住了他。1500 年，伊拉斯莫斯踏上了法國加萊，備馬前往南部，一路拜訪、寫作、教學以及演講。對於每個人來說，遇見的新人和看到的新景象會刺激智力的發展。

這個天才修道士將乞討變成了一種藝術，他也繼承了大部分天性中的本能。他一般情況下只和貴族或有錢人合作。他毫不猶豫地向別人索要東西，不管那是皮毛襯裡的披風、馬鞍、頂級的馬靴、馬匹還是祈禱書。他從不道歉，他運用自己的權利取得一切他所需要的東西。而他拿走一切的理由就是他認為他已經給出了自己所擁有的一切。湯瑪斯·摩爾爵士的「烏托邦」一詞就是從他那裡得來的，因為伊拉斯莫斯一次又一次地描

繪著一個理想社會的畫面，在那裡人人都能得到自己想要擁有的一切，沒人會遭受欲望的折磨，也不會因為欲望過量而痛苦，那是一個處處如家的社會。

如果伊拉斯莫斯真的將英格蘭視作自己的家鄉，那麼他的頸上人頭以及那位寫下「烏托邦」的頭同樣也會付出代價，這是一種多麼荒唐的做法啊 —— 將頭從一個人的身體上分離！

義大利同樣像英格蘭一樣熱情歡迎他的到來。懂得希臘羅馬古典著作的學者們都不是什麼平民百姓，大多數的修道士也止於聖徒們的著作而已，就像南美的人民在長長的分界線前也止步不前一樣。

伊拉斯莫斯能夠裝訂書籍、演講教學、教授雄辯學和演講術，給印刷工提出建議或是透過背誦《伊里亞德》（*The Iliad*）和《奧德賽》（*The Odyssey*）來逗女士開心。

於是他騎著馬迂迴前行，在城市和城鎮以及修道院停留，最後英格蘭、德國以及義大利的每一個學者都已久聞他的大名。他有著學者的風度，一直是一個學習者，也一直是一名教師，並且親切、坦率、機智。人們開始以伊拉斯莫斯為界分成了兩派：

一邊是他的擁護者，一邊是他的反對者。

1517 年，路德帶來了爆炸性的反抗事件 [124]。這種好戰的態度和伊拉斯莫斯完全沾不上邊 —— 他的武器就是文字。路德選擇了伊拉斯莫斯作為攻擊目標之一，開始責難他的游移不定和膽小懦弱。伊拉斯莫斯高貴地做出了回應，並和路德的朋友墨蘭頓就變革中所形成的新人文主義問題展開了一場長時間的辯論。

---

[124]　指歐洲宗教改革運動。

伊拉斯莫斯預言透過教育，在經歷一個簡單的發展過程後，所有的修道院都會成為學校和研習會。他不會摧毀它們，而是要將它們轉化成不同的東西。天主教徒對此感到十分不滿，亨利八世（Henry VIII）邀請他前往英格蘭加入新教體制，但這位英格蘭的天主教徒也不對伊拉斯莫斯的口味，伊拉斯莫斯只是想對教堂進行改革，而不是摧毀或分裂它。

他變成了眾矢之的：曾歡迎他的修道院現在躲得遠遠的，唯恐他會讓他們陷入麻煩。據說對他的逮捕令也已經批准下來。他應邀前往羅馬，解釋自己的立場。

伊拉斯莫斯很明白這封信的意思，於是他動身前往自由之地瑞士。到了巴塞爾之後他在偉大的印刷家和出版家弗羅本（Johann Froben）門前停住了腳步。他把馬牽到了穀倉，為牠卸下馬鞍，然後說道：「弗羅本，我來投奔你了。」

有一天我看到了一本有些雜亂脫節但十分有趣的書 ——《標準詞典》（*The Standard Dictionary*），其中有「草率行事」這個詞。這是一個很容易就脫口而出的詞，不知為何有一兩次別人也曾溫柔地將這個詞用在了我的身上。不過很多時候指責就是一種含蓄的奉承，於是我並不感到難過。草率行事的意思是匆匆了事、缺乏深度、馬虎隨便、毫不關心，也就是說：「隨便吧，誰在乎呢 —— 這樣就足夠好了！」如果說有誰能夠堅持老老實實地埋頭苦幹，那麼我就是不二人選。我做的東西都太精緻了，一萬個人中只有一個人會買下它們，我只好自己保留剩下的那些。

你知道嗎？當你在頭腦中形成一個想法時，你所看到的一切都會間接與這個想法連繫在一起。各種學科知識之間是有著千絲萬縷的連繫。第二天我又遇到了那個讓人高興的「草率行事」一詞。當時我正在讀伊拉斯莫

斯令人發笑的作品，在作品中我又一次看到了這個單詞，不過這一次它被拼成了荷蘭語。現在伊拉斯莫斯已經是個成功的作家了，他成為了義大利、荷蘭和德國的紙張及墨水的代言人，在一些著作和書籍封面上也經常會出現他的名字。作為一個熱愛學習和善於傾聽的人，他從未享受過擁有財富的快樂，但對思想的追求給他帶來了很多樂趣。吉卜林曾說過：「沒有一種追趕能和人類的追求相提並論。」但吉卜林錯了 —— 追尋思想要比追趕重要得多，它們並不只是平等的關係。伊拉斯莫斯追尋思想，傳道士們也在追隨著伊拉斯莫斯，他們走出英國、穿過法國、來到義大利，直到伊拉斯莫斯在巴塞爾偉大的弗羅本家中找到了庇護。

在法蘭克福有一個作者，他因為無法回答出伊拉斯莫斯的問題而咒罵他。這位法蘭克福的筆頭工作者，將自己的作品交給了弗羅本校對，他就是最後被伊拉斯莫斯稱為「草率行事」的人。因為他使用廉價的紙張和墨水，且頁邊也沒有裁開。不久以後，這個單詞就傳入了英格蘭，拼法變成了「scamp」，即在品質、重量、數量以及尺寸上作假的人，但最初這個單詞意味著一個印刷工草草地處理了印刷品的頁邊，在紙張上作假。我深感遺憾地看到，伊拉斯莫斯效仿了他的敵人，有時在書面爭鬥中他也會熟練地使用這種把戲。他的詞彙量堪比馬爾登，我也不知道是否真是這樣。

但伊拉斯莫斯的書籍還是很有可讀性的，他就是那個修正了經典頁邊的人 —— 頂端比內頁寬兩倍、外部比頂端寬兩倍、底部比一邊寬兩倍，印刷工如果不這樣做，就會顯示出自己對比例的無知。伊拉斯莫斯說道：「使用劣質紙張說明品味的下降，無論印刷工還是主顧都是如此。」伊拉斯莫斯死後，弗羅本的公司因製造廉價的東西倒閉了。「用品質而不是價格來競爭」是伊拉斯莫斯的工作箴言。

所有偉大的編著中心一旦開始粗製濫造，就會日漸衰退。法蘭克福那

位謾罵伊拉斯莫斯的偷懶者放棄了事業，作古成仙。而伊拉斯莫斯為他寫了墓誌銘，它賦予了班傑明・富蘭克林（Benjamin Franklin）靈感：「這裡長眠著一本老書，它的封面已經不見，內頁已被撕破，蟲子在嚙咬著它的命脈。」

製造好作品的智慧從伊拉斯莫斯的時代一直沿用至今。

伊拉斯莫斯向弗羅本證明了一個非常有價值的技能。他一躍成為了這家偉大出版社的總編及文學顧問，之後它成為了世界上最重要的一家出版社。

除了編輯工作，伊拉斯莫斯也贊助了大量的由無名氏撰寫的書卷，因為商業原因，他的大名被放在了卷首位置。

從當時直至兩百年之後，考慮這本書是誰寫的根本毫無意義。掠奪占有行為非常普遍，所有的印刷人員都會修改作家的經典作品，只要他們覺得合適就行，而且他們還經常為此受到教堂的獎勵。也正是在這時，某些人偷偷地將那個段落塞人了約瑟夫斯 [125] 關於耶穌的著作中 [126]。如果十六世紀塔西陀 [127] 的《編年史》已不是原貌，那麼它們也是被動過手腳的。還記得吧，當代文學作品中唯一兩本涉及耶穌的書就是約瑟夫斯和塔西陀的著作，而這些仍然是教堂引以為傲的作品。

---

[125] 提圖斯・弗拉維奧・約瑟夫斯（Titus Flavius Josephus），第一世紀時著名的猶太歷史學家。也是軍官及辯論家。約瑟夫斯曾當過猶太軍官，後被俘虜，入羅馬軍隊服役。他晚年在羅馬潛心研究聖經，專注寫作。

[126] 曾有說法指《猶太古史》（The Antiquities of the Jews）中關於耶穌的紀錄是後世的基督徒所加，但隨著考古學家在已被掩埋的土下挖掘出耶路撒冷的遺跡，與《猶太古史》及《聖經》的描述相吻合，以及基督徒把這段被指為「有問題的」內容用計算語言學的演算法與全書的其他內容的比較，從而否定了這種說法。

[127] 普布利烏斯・科內留斯・塔西佗（Publius 或 Gaius Cornelius Tacitus, 55?-117?），羅馬帝國執政官、雄辯家、元老院元老，也是著名的歷史學家與文體家，他最主要的著作是《歷史》（The Histories）和《編年史》（The Annals）。

在伊拉斯莫斯最後的日子裡，他累積了一些財富。遵循他的意願，他計劃用這些錢來教育某些年輕的男子和女子、他的老朋友約翰尼斯‧弗羅本的孫子、侄子以及侄女。他並沒有像一般的神職人員那樣為把錢留給大眾，在最後的日子裡他也沒有受到牧師的照料。那時他從不懺悔，也很少參加教堂活動。他說：「我以自己是一個印刷者而不是牧師為豪。」

荷蘭鹿特丹在一座公共廣場上樹立起了一尊伊拉斯莫斯的青銅雕像，瑞士巴塞爾以及德國的弗萊堡也以同樣的方式向他致以敬意。

在這裡我加上了一些從《愚人頌》中節選出來的篇章，以此向讀者展示伊拉斯莫斯精妙且銳利的文學風格：

人生中最快樂的時候是青年和老年時期，這是因為在這些時期裡，人們完全被愚蠢控制，對智慧的運用也是最少的。孩童因為毫無智慧可言，才會讓我們覺得如此可愛，我們痛恨早熟的孩子。女人也因她們的「蠢勁」而贏得魅力和權力，也就是說順從她們的本性。但如果偶爾一個女人想要讓人們認為她很睿智，那麼她只能加倍變傻才能獲得成功。這就好像要訓練一頭奶牛打拳擊一樣，是違背自然的。一個女人就應該乖乖地做女人，無論戴著什麼面具，她都應該以自己的愚蠢為榮，並將其做到最好。

如果丘比特（Cupid）並不是所有宗教的創始人，如果他不是因為全盲而無法分辨顏色，那麼他還會不會讓我們無法清晰地辨別所有關於愛的一切，為我們灌輸自己永遠都是對的這種思想？所以每個傑克都會忠於自己的吉爾，每個補鍋匠都會尊敬娼妓，而每個鄉下的追求者也都更喜歡擠奶女工瓊，而不是夫人的女兒們。這些都是真實並通常被人嘲笑的事情，雖然他們看起來十分荒謬，但也正是所有的社團能夠團結一致的不二法門。

我們總是發現機會喜歡遲鈍的人，它削平出頭的人，輕撫毫無稜角的

蠢人，為他們所有的事業加冕，但智慧使她的追隨者變得缺乏自信、膽小
羞怯。因此一般你都會看到一個人艱難謀生，其實就是在和貧窮、寒冷以
及飢餓鬥爭，身居隱遁、被人輕視忽略。而蠢人們則擁有大量的金錢，身
居高位、家世顯赫，說一句話就能指揮整個世界。有人認為在法庭上得寵
並獲得提拔是件讓人高興的事，其實這樣的幸福遠遠比不上得到智慧，一
點點的疑心就會停止這種晉升。如果人們都睿智到了在偽證面前躊躇不
決、在謊言面前面紅耳赤的話，那麼交易商便會所剩無幾了。

　　所有的神職人員都可以隨意構建並扭曲神聖的神諭，直到他們將自己
的幻想（比如造物者創造的天堂）細密地編織在一起，就像簾子一樣，放
下還是束起要看他們的心情。因此，事實上聖保羅（Saint Paul）自己也曾
篡改了他曾用過的一些引文，並且似乎把它們扭曲成了和初衷相差甚遠的
意思。偉大的語言學家聖傑羅姆（Saint Jerome）早已公開承認了這一切。
因此當耶穌的使徒在雅典看到祭壇上的題詞時，他以此為論據為基督教辯
論，但他省去了這個句子的大部分內容，也許全句是完全和他的本意相悖
的。他只提到了最後幾個詞，也就是「獻給未知的神」。而這並不是這個
句子的初衷所在，因為整個題詞是這樣的，「獻給亞洲、歐洲以及非洲之
神，獻給所有異國及未知之神。」

　　我向你保證，我們年輕的神父們模仿的是同樣的招術，他們在某處去
掉四五個單詞，並在其他地方加上一些錯誤的解釋，這樣就能讓任何篇章
為他們的目的服務。雖然從條理上來看，這些句子前言不搭後語，所說的
內容看起來不是太過寬泛，就是和他們相推崇的東西互相矛盾。這些神職
人員的技巧越來越熟練了，以至於律師都開始嫉妒他們，因為運用這些招
術曾是他們獨有的特權。事實上他們永遠無法超越神職人員，因為之前那

位在聖路加（Saint Luke）[128] 的話上做文章的人，對於這種相悖的句子給出了讓人非常信服的解釋。

但看起來這種方法對於那些做生意的人來說，確實是一種權宜之計，他們應該能夠恰到好處地掌握這種智慧，並將其用於履行自己的責任。不過為了避免因這種目的而使用手段，造成危險及致命的後果，經過深思熟慮後，我得到了一種解決方法，那就是娶一個老婆，這個方法是萬無一失的，老婆是一種無害並且愚蠢的生物，但她非常有用並且使用起來十分方便。她能安撫並化解男人的堅硬和陰鬱，給他們帶來快樂。現在柏拉圖仍未確定的問題就是要把女人歸入什麼行列之中，不管是歸入野獸還是理智的生物中，都表明這個性別是極其遲鈍愚蠢的。她們永遠是簡單的生物，無論怎樣試圖擠入智慧之列中，都只會讓自己顯得更加愚蠢而已，這種嘗試無異於逆流而上，而且是違背自然規律的。正如古語說「穿著紫色衣服的猿猴也依然是猿猴」，所以女人就是女人，不管怎樣，都是愚蠢的。但女人不該覺得被熱愛是件錯事，因為如果她們所做的完全正確，她們就會發現自己除了愚蠢還有其他的天分，讓她們能夠遠遠超越男人。首先便是她們無與倫比的美貌，用這種美貌她們可以征服世界上最殘暴的暴君，男人在舉世無雙的美貌面前顯得如此黯淡，他們的皮膚如此厚重、粗糙，還遍布著扎人的鬍渣，而女人擁有如此精緻、光滑的皮膚和如此低沉溫柔的聲音以及純潔的面容，就好像自然在刻畫她們時將所有的勻稱和美好都賦予了她們，因此畫出了一個如此完美的圖案。除此之外，她們還有比取悅丈夫更合理更偉大的目標和理想嗎？為此她們用化妝品、護膚品、捲髮、香水以及所有其他神秘的裝飾來打扮自己，但不管怎樣，她們是因為愚蠢

---

[128] 是聖保羅的同伴，相傳是第三部福音書和《使徒行傳》（Acts）的作者。早期的基督教作家認為這些著作為路加所作，他的作者身分被普遍接受。

才被接受的。妻子可以富有幽默感，但只有在取悅別人時才可如此，這種做法也正是愚蠢的代名詞，沒有人可以否認。誰能想像，一個男人要如何逗弄、取悅並玩一百個小花招來讓他的配偶開心呢？

　　但現在有些骨頭都快散架了的老男人們認為，酒比女人更好，他們裝模作樣地覺得，幸福就是由狂歡和飲酒組成的。雖然這也無可厚非，但在最奢華的娛樂上必須加上愚蠢這道精緻嬌嫩的開胃菜。這樣如果席間並沒有愚蠢的客人能夠在閒置時間被拿來耍弄，那麼他們就得弄些演喜劇的小丑來，他的笑話以及粗心的錯誤會讓所有人大笑不止。他們已經在肚子裡塞了太多精緻的點心、可口的佳餚以及美味的珍品，如果如此貪吃下去，男人的眼睛、耳朵以及頭腦會感到不舒服。大笑、逗樂等娛樂活動能夠讓他們更加放鬆。它們就像開胃菜一樣，有助於消化。對於所有醉鬼們來說，和大家一起狂歡、划酒拳、大口喝酒、大喊大叫、邀請每位女士跳舞以及類似的消遣才讓人感到高興。這些做法在古希臘的睿智男人中沒有被傳授過，這是我的發明，也是我認為最有益健康的方法 —— 它們越是荒謬就越受歡迎。事實上，以一種遲鈍憂鬱的姿勢在這個世界上慢慢跑著，並不能算是活著。

第七章
布克・華盛頓

　　人性中總有一些美德能夠讓人們讚嘆，無論這種美德隱藏在什麼膚色之下。我發現在經歷了長長的道路後，人們對於某些事物的偏見減少了。親眼看到一棟黑人建造的漂亮房子，要比就應該建造什麼樣的房子，或是能夠造出什麼樣的房子而展開長篇大論的討論強百倍。能夠為這個世界做出一份貢獻的人，無論是什麼種族，最後都能創造出自己的一片天空。

—— 布克・華盛頓

　　這是關於一個黑人的故事。這個獨特的故事是真實的。他出生在維吉尼亞，生下來就是個奴隸。他的母親是一個奴隸，在市場上被賣了三次。這個人就是布克・華盛頓。

　　布克這個名字是和他一起玩耍的小夥伴們給他起的，因為他十分喜歡捲了邊的拼寫書。在這之前他都被稱為「媽媽的寵物」。「T」沒有任何意義，但之後他們高興地認為「T」應該代表「托利弗（Taliaferro）」。

　　大多數的黑人都已脫離奴役，成為了自由人，他們自力更生，將自己命名為華盛頓、林肯、克萊或是韋伯斯特。

　　在他還是個小孩時，有人突然問他叫什麼名字，於是他喊道：「華盛頓。」他一直將這個名字保留了下來。

　　這個男孩的父親是個白人，但孩子總是隨母親的，於是布克・華盛頓是個黑人，並像他應該做的那樣以此為榮，雖然他沒有顯赫的門第，但卻十分優秀。

　　這個黑人的父親是誰一直是個未知數，這位默默無聞的父親丟掉了一次能讓他名垂青史的機會。我們甚至都不知道他姓甚名誰，也不知道他的社會地位，甚至對於他是如何生下這個孩子的我們都一無所知。我們猜測他快樂地結了婚，受到他人的尊敬。沒有任何關於他的傳說或是故事，且

我們也不確定這個孩子是出生在 1858 年還是 1859 年，我們也不知道他出生在哪個月或是哪一天。一切並沒有留下任何蛛絲馬跡。

他的母親住在一個只有一間房的小木屋裡，也就十二乘十英尺[129] 那麼大。這個房間也是廚房，母親就在這裡為她主人的雇農們做飯。這個小屋沒有窗戶，也沒有地板，只有被踩硬了的泥土。屋裡有一張桌子、一把椅子以及一個大壁爐，但是沒有床。到了晚上，孩子們就擠在牆角的稻草和破布上睡覺。毫無疑問他們有充足的食物，因為他們撿有錢主人的殘羹剩飯吃 —— 不過順便提一下，這位主人並不是十分有錢。

小黑人布克兒時的回憶之一就是半夜被母親叫起來吃炸雞塊。想像一下 —— 時間已經過了午夜，房間裡沒有燈光，從屋頂的椽上隱隱約約地透出點點星光。屋外的風悲鳴著。孩子們在牆角擠成一團，半裸的瘦小身體糾纏在一起，以從彼此身上獲得一絲溫暖。

這位黑黑的母親敏捷地走著，行動中帶有一絲驚慌。

她在半夜帶來一隻雞！她從哪裡拿來的？噓！你說奴隸是怎麼得到雞的？

她拿出了那隻雞，用煎鍋在煤火上炸。當一盤馬里蘭風味的炸雞出鍋後，這位母親滿懷著上帝從未忽略的人性 —— 母愛，一個個地搖醒這些黑黑的孩子，偷偷地讓他們吃上了一頓大餐。

雞毛、骨頭以及廢棄物都被扔進了壁爐，鄉村編輯所謂的「熊熊烈火」隱藏了所有罪行留下的痕跡。然後所有人又躺下睡覺，直到東方微微露白，快樂的一天又悄悄地矗立在山巔之上。

這位曾經的奴隸還記得一段奇特又折磨人的時期，有一天農場裡所有

---

[129] 約等於 3.6×3 公尺。

的黑奴都被召集到了「大房子」裡面。他們成群結隊，好奇地站在那裡等著，小聲地竊竊私語。這時主人出現了，他拿著一張紙站在走廊上哆哆嗦嗦地讀著。然後他說他們全都自由了，還和每個人握了握手。所有人都哭了出來。雖然淚眼朦朧，但他們都很開心，因為自由對他們來說就意味著天堂 —— 一個充滿寧靜的天堂，但他們對這位前主人仍滿懷愛戴之情。

大部分人開始在外面遊蕩，他們認為自己必須要離開自己的職位了。沒過幾天，最睿智的一些人就回到了農場，繼續像從前一樣做著自己的工作。布克的母親只休息了半天而已。

但沒過多久她的丈夫來了 —— 她在幾年前嫁給了這個黑奴，而之後他就被賣到其他地方去了。現在他回來接走了她和這些黑孩子。他們開始朝西維吉尼亞州前進，聽說那裡的煤礦招收黑人做工，而且還付薪水。

日子過了一個月又一個月，他們隨身攜帶著所有的行李，沒有馬匹、沒有牛也沒有馬車，他們徒步行走。如果天公作美他們就席地而睡，如果下雨他們就找個菸草棚、穀倉或是可以用於遮蔽的乾草堆。他們賴以生存的食物就是隨身攜帶的一點玉米粉，母親用它在篝火的灰燼裡做了些玉米餅。一路上遇到的好心黑人給了他們一些食物，他們對飢餓和貧困的人們總是慷慨解囊 —— 只要他們有可以給予別人的東西。在普羅維登斯州，就像以色列的兒女們用野鵪鶉充飢一樣，他們遇到了沒有主人的迷路雞群，有一次他們還抓到了一隻負鼠，那真是一頓豐盛的大餐，所有的孩子都吃到肚子鼓得像西瓜一樣。

最後他們終於到達了一片光明的西維吉尼亞州，他們在首府查爾斯頓附近的小村莊梅登停下了腳步，這裡的煤礦和鹽廠僱傭黑人工作，並付給他們真金白銀的薪資。

布克的繼父找到了工作，他還為小布克也找了一份工作。他們在發薪資之前一毛錢都沒有，於是好心的煤礦主讓他們賒帳購買了商店裡的東西。這是一種全新的體驗，毫無疑問他們買了一些並不需要的東西，因為他們對價格和價值根本毫無概念。而且，他們並不知道自己能賺多少錢，也不知道自己買的東西值多少錢。至少，在拿到薪資後他們還有欠款，他們終於見到了真金白銀的錢，當然小布克在那個時候並沒有看到。

路易斯·羅夫納（Lewis Ruffner）將軍 [130] 擁有那些鹽廠以及小布克工作的那個煤礦，他非常嚴厲苛刻。但是他認為黑人也是人，而有些人則對這個看法頗有爭議。

羅夫納為他的工人們建了一所夜校，找了他的一些書記員來教他們。那時的黑人中沒有人能拼出貓這麼簡單的單詞，更別提寫自己的名字了。有一些人能夠數到五。有一次布克炫耀了一下自己的數學本領，那時候他應該已經有十歲左右了。工頭讓他數數有幾擔煤球，於是這個男孩就大膽地數了起來──「一、二、三、四，又有一擔、又有一擔、又一擔、又一擔、又一擔、又一擔！」

工頭放聲大笑。

男孩非常尷尬，然後便感到十分懊惱，「送我去夜校吧，一個月我就能數給你看了！」

於是工頭就寫了一個准許男孩入校的批示。

但是還有一個困難擺在他面前，男孩每天工作到晚上九點，最後一個小時的工作是打掃辦公室。而夜校在九點開始，它離布克工作的地方有兩英里。

---

[130] 南北戰爭時期名將。

這個男孩撓著頭想了很久，然後他想出了一個很不錯的主意 —— 他將辦公室的鐘調快了一個半小時，這樣他就能在九點鐘離開辦公室，一路小跑去學校了。

這個計畫只執行了兩天，辦公室的一個辦事員稱鐘像見了鬼一樣亂走。於是他們就給鐘上了鎖，一切又恢復了原狀。

布克那時候應該有十三或是十四歲大了，有一天他仰躺在礦井裡用腳往外推碎煤塊。這時他偶然聽到兩個人正在談論一間很棒的學校，黑人可以在那裡學習讀書、寫字以及算數，同樣還能學習如何在公開場合發表演說。學生們可以半工半讀來付食宿費。

這個男孩在黑暗中慢慢移了過去，全神貫注地聽著他們的對話。他聽到了「漢普頓」和「阿姆斯壯（Samuel Armstrong）」這兩個名字。但他不知道阿姆斯壯是人名、漢普頓是地名，不過他還是記下了這兩個名字。

這是一所為黑人開辦的學校，他可以去那裡！那一晚他對母親講了這件事，她大笑著拍了拍他古怪的小腦瓜，任憑他沉迷在自己的夢想之中。

她只是一個可憐的黑人婦女罷了，她不會拼寫，也不會數數，但她在心中為自己的男孩規劃著，有一天他將成為一個傳道士。

這就是她想像力的極限了 —— 一個傳教士！在她的想像中，這已經是人類的最高成就了。在一天工作了十四個小時後，小布克還要去夜校上課。他坐在椅子上，雙腳離地面足足有一英尺。一天晚上他在用盡全力地汲取知識時睡著了。他的頭垂了下去，又直了起來，過了一會又垂了下去，然後便結結實實地在地板上摔了個大筋斗，這成了全班的笑料，而對他來說則是永遠的恥辱。

不過第二天，就在他還為昨天的事情感到難過時，他聽說羅夫納太太

想找一個男孩去大房子裡打雜。

這是一個機會。羅夫納太太是來自佛蒙特州的北方人，這意味著她非常愛乾淨，絕不會容忍任何「無禮的黑鬼」。她的名聲傳遍國內外：她是如何掐傭人的耳朵，在某個準確的時候讓他們起床並讓他們至少一天用一次香皂和水，她甚至還強迫他們使用牙刷 —— 這在歷史上都有記載。

布克覺得即使她是個北方人，他也能討好她。於是他應徵了這份工作，並得到了它。一週的薪水是一美元，如果他不頂嘴也沒有打破盤子的話，那麼一週還能再額外拿到二十五美分。

「天才！破屋也無法掩蓋他的光芒！」惠斯勒[131]如此說道。

天才在做事情的時候，不用別人說三遍以上就能做對。

布克暗中研究這個可怕的北方女人到底想要什麼。最後他認為她想讓自己的僕人有乾淨的皮膚、整潔得體的著裝，還要求他們能夠快速地做事情，在完成工作且無話可說時保持安靜。

他想盡辦法討好她，他也確實做到了。

她借給他一些書，給了他一支鉛筆，還告訴他怎樣才能在不弄髒手和臉的情況下用鋼筆寫字。

他把自己的夢想告訴了她，並且問起阿姆斯壯和漢普頓這兩個名字。她告訴他阿姆斯壯是人名，而漢普頓則是地名。

最後他得到了她的准許，離開了這裡，前往漢普頓。

走之前她給了他一把木梳、一把牙刷、兩張手帕以及一雙鞋子。他已經為她工作了一年之久，所以她理所當然地認為他已經有了一些積蓄。但他從未說過自己的錢都花在養家上了，他的繼父因為參加了一場罷工而丟

---

[131] 全名 James Abbott McNeill Whistler，出生於美國的藝術家。

了工作。

　　於是這個男孩開始朝漢普頓前進了，它離這裡有五百英里遠。他並不知道五百英里有多遠 —— 沒人知道，除非他親自走過。

　　他口袋裡有三美元，於是他開心地為自己付了馬車費。這一天結束時他已經離家四十英里遠了，身無分文。他睡在穀倉裡，一個黑人婦女從廚房的窗戶裡丟給他一塊火腿骨和一片厚麵包，並把頭轉向了另一邊。

　　他朝東方艱難地前進 —— 永遠不變的東方，朝著升起的太陽。

　　他走啊走，覺得幾週、幾個月、幾年都過去了。他沒有注意日期，為了節約還脫下了自己的鞋子背在身上。

　　最後他把鞋子以四美元的價格賣給了一個男人，這個男人只付了他十美分，並許諾說當他們在漢普頓見面時會付剩下的錢。將近四十年過去了，他們再也沒有見過。

　　他一直走著，不斷前進 —— 朝著東方，永遠不變的東方。

　　然後他走到了里奇蒙，這是他見到的第一個大城市。寬廣的街道、人行道以及樹立的街燈都讓他看得入迷，這簡直就是天堂。但他飢餓難耐而且身無分文，他用渴望的目光看著街頭小攤上的一隻冷炸雞，詢問一隻雞腿的價格，同時告訴小販他一分錢也沒有。這時他才發現這裡根本就不是天堂，人們罵他是懶黑鬼，讓他走開。

　　之後他發現「黑鬼」這個詞的意思就是沒錢的黑人。

　　他緊了緊充當腰帶的繩子，趁沒人看到時鑽進了人行道底下，開始睡覺，但卻不停地被頭頂上走來走去的聲音吵醒。

　　睡醒後他發現自己在碼頭旁邊，一艘大船正準備啟程，人們正從船上往下卸載包裹。他跑上前去問大副自己是否可以幫忙。他得到了一個冷冷

的回答：「可以！」

於是他加入了隊伍中，在沉重的大包下蹣跚前進。他雖然個子小，但十分強壯，而且他很高興，但在重勞之下他開始頭暈目眩。

「你吃過早飯了嗎？對，就是說你呢，小黑鬼，你吃早飯了嗎？」

「沒有，先生，」男孩回答道，「從昨天中午開始就沒吃過了！」

「好吧，我猜就是這樣。現在你拿著這個便士去那邊給自己買一個雞腿、一杯咖啡以及兩塊油炸餅！」

小男孩毫不猶豫地就拿著錢跑到那晚叫他懶黑鬼的男人那裡，拿出錢買了份雞腿。

那個男人趕緊給了他雞腿，並說今天天氣不錯，希望他一切都好。

在經歷了千辛萬苦的長途跋涉後，抵達了漢普頓的男孩不知所措地站在了這棟高大的磚房前面，這就是他所知道的漢普頓大學。

他和這棟大樓比起來是如此渺小 —— 人們又憑什麼會讓他進入呢？

最後他大膽地進入了這棟大樓，故作鎮定地用實際上在顫抖的聲音說道：「我在這裡！」並且同時用手指著自己的胸部。

一位北方女人示意他坐下。有很多黑人都會來這裡，通常他們都想過上一種理想的生活 —— 男孩子想要布道，而女孩子則想成為音樂教師。

考試十分簡單，那就是看他們是否願意並且能夠做好一項工作。

布克坐在那裡等待著，他並不知道耐心考量也是考試的一部分。

然後普莉西拉小姐用演員尼爾·伯吉斯似的聲音冷冷地「猜測」旁邊的背誦室需要清掃除塵了，於是她遞給了布克一把掃帚和一塊抹布，指了指那個房間，就走開了。

　　她可真是太不了解這個小男孩了。這個小黑孩莞爾一笑 —— 他對清掃除塵太拿手了，在佛蒙特州他就從一個北方女人那裡學到了這門手藝！他笑了起來。

　　然後他就清掃了那間房間，他移開了講臺、課桌以及每張椅子。每件家具他都擦了四次，連椅子的橫檔都被擦得光亮如新，他還跪在地上擦踢腳板。

　　普莉西拉小姐回來了。她推開了講臺，一眼就看到那裡並沒有藏著任何灰塵，她拿出手帕拭了拭課桌頂部。

　　她轉過身來看了看這個男孩，她的微笑與他難掩得意的露齒大笑相對。

　　「你可以的。」她說道。

　　薩繆爾‧阿姆斯壯將軍是漢普頓大學的創立者，也是塔斯基吉大學的曾祖父。他是個白人男子，曾在南北戰爭中英勇地擊退過南方軍隊。

　　他似乎是北方的涉戰人員中唯一一個意識到戰爭才剛剛開始的人 —— 真正的敵人並沒有顯現，它們就是無知、迷信和無能。

　　有四百萬人現在正處於十分可憐的境地中，他們突然之間從奴隸變成了自由人，擁有了自己的東西，但卻毫無責任心，也沒有為改變做好準備，如果是這樣，那麼新生活對他們來說只不過是另外一種奴役而已。

　　阿姆斯壯將軍的心思全在他們身上，他想告訴他們如何變得獨立並且成功。他對南方的白人只有尊敬之情，他知道他們在戰爭中所遭受的痛苦，他也意識到他們是在為自己所認為對的事情而戰。他的心裡沒有仇恨，並決定將自己 —— 他的一生、他的財富、他的愛以及他的一切都投入到南方的建設之中。他用先知的目光看到了懶惰和驕傲才是真正的敵

人，對白人和黑人來說都是如此。黑人必須學會工作，了解到人類勞動的崇高，服務社會並透過幫助自己來幫助他人。他意識到沒有什麼工作是低下的，所有的服務都應受到尊敬。

正是這個人，將真理的種子播撒到了這位不知名的黑人男孩布克‧華盛頓心中。阿姆斯壯的準則就是：「不要對他人心存惡意，而要對大眾心存慈愛，讓我們完成上帝賜予我們的工作。」

我對教育這個話題所知不多，但我相信自己知道的和大多數人知道的一樣多。我曾拜訪過美國以及歐洲的幾所大學，也對預科及高中的教學方法十分熟悉。我知道城市中的夜校、「不分級教室」、特教學校、監獄裡的教育計畫、手工培訓學校以及最早由蘇格拉底發起、後由 G‧史坦利‧霍爾（G. Stanley Hall）[132] 推廣開來的「新教育」。我還認識約翰‧杜威（John Dewey）[133] 和數十名美國優秀的男女。我對位於馬隆和紐約的聾人學校以及巴達維亞的盲人學校都非常了解，在那裡即使情況最嚴重的人都被告知要變得自信、自立並且要幸福。在拉皮爾縣我曾和癲癇之家的病人們一起從盤旋的防火梯上跌落，從他們那裡我聽到了以前從未聽過的笑聲。我曾在芝加哥的猶太手工訓練學校看到他們將俄羅斯難民變成了有用的公民——他們變得有能力、誠摯並且優秀，我對斯沃斯莫爾、衛斯理、瓦薩以及雷德克里夫等學院所知甚少。我還想起了西點軍校和安納波利斯 [134]，從沒有人叫我「天才」。

我對哈佛、耶魯以及普林斯頓略有所知，並在每一所學校都待過一段

---

[132] 美國心理學的先驅，致力於兒童發展理論，也是美國心理學會首任主席、克拉克大學首任校長。

[133] 美國哲學家和教育家。與皮爾斯（Charles Peirce）、詹姆斯（William James）一起被認為是「美國實用主義哲學」的重要代表人物。

[134] 著名的海軍官校位於此地。

時間。我還給牛津、劍橋以及海德堡大學的畢業生提供過工作，這讓我感到十分難過，而他們也覺得十分懊悔。這並不能證明好大學的畢業生一般都無法勝任或是找不到工作，只能說從這些大學畢業、文憑在手的人，也有可能成為一無是處的人，因為他們的想法或是服務都無法滿足這個世界的需求。

我的「優等生」朋友們不喜歡我。我不得不和他們分手的原因並不是他們智商太低，而是因為他們想要一個鐵飯碗，而我只能給他們提供一份工作。

他們就像奧士科什的風洞，也像是八月的製冰機；在冬天他們就是戶外的園藝師，而一個雇員在某種程度上也是如此。

作為一個普遍的話題，我認為它並不會引發爭議：教育的目的就是讓一個人透過服務社會來使自己受益。

為了有益於他人，你必須保持適當的幸福感，透過有益的活動、好心情、仁慈以及健康 —— 健康的頭腦和身體來獲得活力。為了有益於社會，你要用耐心以及堅強的意志來做正確的事情，關注你自己的事業，這樣別人也可以關注他們的。所有人都應該帶著一股對過去的成就不滿意的衝勁，這樣你才能一直向前進，把工作做得更好。

當你覺得過去所做的事情對你來說十分偉大時，今天的你就已經沒有什麼作為了。

那麼現在你已經了解了教育的方式，那就是透過有益的活動 —— 活力、仁慈、振奮、耐心、堅持、甘願取捨來獲得健康和幸福，要用表達不滿來防止產生自滿的情緒。在每個不流動的汙濁水塘中，都會滋生這種浮渣。

當然沒有任何一座大學能夠完全符合這種教育方式，也沒有任何機構能提供這些成分，大學所能做的就是提供能讓這些成分自然生成的環境而已。很多植物都需要陽光，而蘑菇則不需要。

　　問題是：「美國的哪種相關教育能提供這種最棒的光線呢？」

　　我的回答是：「地點在塔斯基吉，能夠提供這種光線的人就是布克・華盛頓。」

　　「什麼？」你驚呼道，「一所為黑人開辦的理想學校，它由黑人發起、由黑人執教並且只收黑人學生？」

　　回答是：「沒錯。」

　　塔斯基吉有將近兩千名學生和一百五十名教師。學校分「日間學校」和「夜校」兩種班級。夜校的學生在白天會做老師交代下來的所有工作。他們不交學費，學校提供伙食、衣物以及溫暖的家。他們可以靠勞動賺錢，金額會匯入他們的信用帳戶，當存夠五十美元時他們就可以進入「日間」。

　　「日間學校」的學生做一些手工來助學，每個人每年有五十五美元的收入。這些工作都是隔一天做一次的手工或是一些有用的交易。

　　塔斯基吉的申請人要比它實際可容納的人數多兩倍，但有一種人是不受歡迎的，那就是想要拿錢買學位的人。這種人得到的回答永遠都是：「請去其他地方，有很多想收你的錢的學校，而在這裡，你有錢也不得不勞動。」

　　這就是全世界所有的學校都應該說的話。

　　塔斯基吉有三千英畝[135]的農場，裡面有四百頭牛、五百頭左右的

---

[135]　1 英畝 = 4,046.8 平方公尺。

豬、兩百匹馬、無數的雞、鵝、鴨以及火雞，還有一群群的蜜蜂。農場的目的在於實現學校的自給自足。這裡還有馬車店、鋸木廠、馬具店、鞋店、裁縫店、印刷工廠、洗衣店以及罐頭製造企業。我在那裡見過最好的水果和蔬菜，以及成千上萬棵桃樹、李子樹和蘋果樹，還有一大片草莓園，這些肯定會給人們帶來豐厚的收益。

　　這是一片虔誠之地，但是並沒有什麼教條規定 —— 宗教只不過是感情的自然流露。塔斯基吉沒有人哭泣著懺悔罪行，他們已經忘記了過去，將來只會做得更好。

　　我從沒聽過如此振奮人性的公理會合唱，鋼琴、風琴、管弦樂隊以及銅管樂隊的使用是全部課程中的重點所在。我在小教堂遇見了一位觀眾，他非常體貼、機敏並先進，渾身充滿活力，這讓整個教堂看起來都像是為某種藥品所做的一個大型廣告。

　　在塔斯基吉看不到任何禁止標誌。一切都是可行的，但有一些禁忌是人所共知的，比如說菸草，當然還有烈飲。我們都聽說過哈佛的啤酒和耶魯的菸草，但如果公平地比較起來，哈佛並沒有啤酒廠，而耶魯也沒有菸草的正式品牌。但哈佛人很能喝酒，而耶魯人都抽菸。如果你想考察這個菸鬼的出生地，你就會發現這種人在劍橋和紐哈芬的校園裡就跟蝗蟲一樣多。但如果你想看看最大的菸鬼集市，那麼你可以在任何一天的中午開車去波士頓的博伊爾斯頓大街，看看那些從理工學院裡面出來的男孩子。

　　有一次我問一位理工教授，是否在他所在的大學中必須吸菸。「是的，」他回答道，「但是並沒有明文規定，據我所知有三名學生不抽菸。」

　　塔斯基吉代表著秩序、系統、清潔、勤奮、謙恭以及實用。在這裡沒有汙水池，也沒有「後院」，一切都是那麼美好、有益且衛生。所有的交

易都是公開的。工作從早到晚排得滿滿的，這裡的人根本沒有任何功夫去抱怨、發牢騷或是挑挑揀揀 —— 這通常是懶惰生成的三個要素。塔斯基吉沒有傭人，所有的工作都是由學生和教師完成的，人人都要工作，人人都要學習，且人人都是教師。

無論我們願不願意，我們都是教師，我們透過以身作則來教導別人，所有能做好工作的學生就是好教師。能夠掌握技能、做好工作的黑人不再是個麻煩，而是一個人。大仲馬（Alexandre Dumas）是個黑人的事實並沒有讓世人小看他。

舊時的學院重在培養大腦，學生都在室內進行體育活動，或根本就不上體育課。這種做法摧毀了數以萬計的學生。他們擁有頂級的頭腦，卻沒有肺活量，這並不能讓人滿意。學生根本就學不到任何有用的東西，就像剛釋放的奴隸所期待的那樣。四年過後，學生往往無法應對任何生活中實際的課程。他們習慣了這樣一種想法，有一種人就是做事情的，另一種人就是學知識的。在很大程度上他們已經把文化修養尊為了生活的目標，當一個人開始以自己的文化修養為傲時，他就成為了一個不值一提的人。文化必須被視為一種附屬品，如果像捉蝴蝶一樣把牠緊緊抓住，你抓到的根本就不是蝴蝶，而是一隻幼蟲。

在這裡只有一種方法能讓黑人或白人獲得他人的尊重。法規無法做到這一點，國家所賦予的權利成效甚微，而發號施令也無法讓人獲得想要的結果。如果我們獲得過自由的樂園，那也是因為我們曾為此付出過 —— 這是我們應該得到的。裝模作樣的教育也許可以滿足一個白人，尤其是在他有個有錢老爸的情況下；而黑人只能靠自己來創造命運，他必須學會秩序、體系以及平靜、堅持和有用的努力。

　　這是一間讓學生們把一半的時間都投入到實際工作中去的大學，這個想法非常先進，是由一位前奴隸所採用的，這是他被剝奪了權利的種族的救命法寶。偉大的發現通常都是意外產生的，我們為了某個東西而努力，卻不經意地得到了另外一個東西。我期待那一天會在不久之後到來，世界上所有的大學都不得不將塔斯基吉的理念應用到教學之中，以免自己遠遠落在黑人後面。

　　如果生活和教育是截然不同的兩件事，那麼將它們分開或許是對的。在一張桌子前學到的文化和室內的體育鍛鍊對於學生來說並不是完滿的。而許多歷盡艱辛取得成功的人並沒有任何完美的計畫。環遊世界的船身會附著很多貝殼，但用貝殼來幫助引航對領航員來說只是幻夢而已。

　　塔斯基吉規定學生需要有少量定期的手工勞動搭配正確的腦力活動，放棄撲克牌、威士忌、口角、吵鬧、哈佛啤酒、耶魯菸捲、普林斯頓紙牌遊戲、舞會、欺凌新生、喝酒喧嘩、舉止粗暴以及好鬥傾向。在塔斯基吉沒有海德堡脫帽以及其他侮辱性的規定，也沒有讓人躺著等待受辱的地方，這裡的人不會把傷痕當作藝術。正統大學中的體育運動是這樣的，實際上需要體育館的大學生是不准動館中任何東西的，而且每當他們脫了衣服就會成為大家的笑柄。咖啡、古柯鹼、鎮靜劑、菸草以及烈飲代替了運動和清新的空氣，老眼昏花的普林斯頓對此無辜地拋著媚眼。

　　自由不是別人來給予你的，你必須自己去實現它。教育也不是別人能給的，你必須要自己去贏得它。林肯沒有解放奴隸，他只是解放了自己。黑人本不知道自己是奴隸，所以他們也不知道自由意味著什麼。在一個人想獲得自由之前，每一種自由都是變相的奴役。布克·華盛頓向黑人展示了如何透過有益的活動來獲得真正的自由。人要想獲得自由，就必須擔負責任。

如果大學教育是由國家強制進行的，且全部課程的一半由有益的手工勞動組成，那麼大多數的社會詬病就可以得到解決，我們也能夠更快地踏上通往理想之城的高速公路。

沒有活力的人類將一無是處。能夠激勵其他人的人有著更多的活力。

更多的活力則代表著忘我的境界。靈魂在忘我中噴薄而出，覆蓋一切、浸透一切。演講術就是一種忘我的境界，它能淹沒聽眾，讓他們在另一個人思想的巔峰浪尖上自由馳騁。

藝術生於忘我，它是一種實體的忘我。動聽的音樂是聲音的一種忘我表達，由節奏、音調和形式來調節。「雕塑就是凝固的音樂。」海涅說道。

無法因心醉神迷而進入忘我狀態的人是無能的。一個人如果沒有體會過忘我所賦予的衝擊、振奮以及向前的動力，那他就是一個日漸衰落的人——一個死去的人。

黑人總是很容易地就能進入忘我的狀態，簡單的音樂訓練就能讓他們擁有歌唱的能力，塔斯基吉的公理會合唱就是那樣一種讓人過耳不忘的情景。一千五百人都振奮地噴薄出他們的真情實感——歌唱。一千五百人合成了一個思想，統一行動。你知道這意味著什麼嗎？忘我在本質上和性別無關。在藝術和宗教中性別是不可能被平等看待的。美國黑人在四十年裡從四百萬增加到了一千萬這個簡單的事實，就顯示出了他們作為一個集體的忘我精神。「只有快樂的人才能複製自我。」達爾文說道。如果你讓動物感到沮喪，那麼牠就會停止生產，所以才有被囚禁的動物不生產這樣的事情發生。但不管是奴隸還是自由人，黑人都會放聲歌唱、繁衍後代，他們從不絕望或沮喪，他們的靈魂已經超越了自身所遭遇的現實。

沒有活力是不可能實現教育的。教育工作者要做的就是指揮這些歌唱

著前進的靈魂走入正軌。

教育就是支持正確的習慣、保持好的習慣，直到它們成為人天性的一部分，並開始自動運行為止。

勤奮的人是唯一能成為贏家的人。只是被迫或偶爾才變得勤奮的人則很難有所成就。

人們透過做事情變得快樂，而對於奴隸來說工作總是讓人討厭的。仿效的影響被忽略了 —— 主人並不工作，強人也從不工作。變強就意味著停止工作，意味著獲得自由；而獲得自由也意味著不工作。

這種教育讓黑人形成了一種非常糟糕的想法：工作讓人討厭，工作是可恥的。奴隸主為此付出了最大的代價，因為黑人開始認為工作是貶低自我的行為了。

而現在黑人在教導黑人，工作是美好的，它是一種特權，一個人只有透過自願的服務才能獲得自由。建築學是由忘我構築的，有實力的人總是在忘我的迷醉中找到靈感。雅典就是一座由大理石建造的充滿迷醉的忘我之城。

塔斯基吉是一座由磚砂建造的忘我大學。

別談論什麼黑人的教育！除了心血來潮的一時行為外，南方從來沒有嘗試過將這種方法應用到白人或是黑人的教育之中 —— 其他地方也從未嘗試過。

黑人正嚴格約束這種天生的忘我精神，指導它走入有益且傑出的軌道之中。你能預言這種勤奮、保持節制、朝著正確的目標不斷努力的做法何時才會結束嗎？

布克・華盛頓，一個被瞧不起的有色種族兒童，實現了並且也正在做

著世世代代的教育學家和牧師的智慧集合起來仍沒有做到的事情。他就是以身作則的摩西，帶領他從前被壓迫的子民進入社會、精神、道德以及經濟自由的光芒之中。

我對所有有關塔斯基吉的批評如數家珍。在仔細查閱過後，這些批評都可以歸結為三點：第一，布克‧華盛頓為了擴充自己的利益而搜刮了大量錢財。第二，塔斯基吉只是一個擺設，所有真正的工作都是由北方挑選的人來做的。第三，布克‧華盛頓是一個專制者、獨裁者以及自我中心主義者。

如果我是塔斯基吉的法律顧問——事實上我並不是，我會向這些可敬的原告們學習，毫無爭議地提出起訴。布克‧華盛頓能夠擺脫每一項指控他的罪行，他對原告們的回答中從沒有貶低過自己。

但大家應該知道這個事實，這個人籌集了六百萬美元，這些錢大部分都來自北方人，他用這些錢建造起了世界上最接近於完美的教育機構。

他的教師和最好的工人都是挑選出來的，這一點很可能是真的，但他們都是黑人，且都是黑人挑選出來的。這位偉大的統領在挑選自己的將軍時顯示出了他的偉大之處。拿破崙挑選的元帥為他贏得了勝利，他的精神賦予了他們活力，且他選擇他們的原因只有一個——他能夠掌控他們。他將自己的熱忱注入到了他們的靈魂之中。

布克‧華盛頓是一個比拿破崙還偉大的將軍，因為塔斯基吉沒有失敗的滑鐵盧。據我判斷，大部分因布克‧華盛頓而吵鬧的批評者都是跟風的人。

毫無疑問，這個男人是一個專制者和獨裁者。他是一個行善的專制者，但仍然是個專制者，因為在面對重大事件時他總是會用自己的辦法來

解決，其他雞毛蒜皮的小事則可以由別人說了算。說到獨裁，這個進入混沌之中並將其轉化為宇宙的人，必然是一個獨裁者以及自我中心主義者。

布克・華盛頓相信自己是正確的，他從不隱瞞自己是來自地球上的人類這個事實，他沒有什麼可隱瞞或是見不得人的事情。所有活著的人都是利己主義者，而他們之所以會利己，大部分是因為他們還要生活，死人都不是利己主義者。布克・華盛頓有著很充實的生活，在他的身上附著神聖的靈魂，如果有人曾擁有過這種靈魂，那麼這個人就擁有了神性。

塔斯基吉學院有著全美國最先進的聘用制度。能夠勝任重要工作的黑人男女都可前來應徵。需求職位包括裁縫、管家、廚師、農夫、倉庫管理員、建築工人、園丁。這個世界總是缺少為自己分擔重擔的人。

近來，我們聽說許多人都失業了，但很少有調查顯示他們是因為壞習慣才失業的。這些壞習慣讓他們變得不可靠且不值得信任。南方尤其需要自告奮勇的工人和工作經驗豐富的人。南方深知這一點並隨時準備為這些服務掏錢。

幾年前北方的黑人組織了一場暴動，稱布克・華盛頓正在試圖讓黑人只做粗活，也就是說，又把黑人扔回了低等人的地位。黑人的理想就是得到教育，這樣他們才有可能成為浸禮會傳道士。對他們來說，教育意味著擺脫辛勞的工作，獲得自由。當然，我們沒有必要去追溯這種想法的源頭。當塔斯基吉想讓黑人成為鐵匠、木匠以及磚泥瓦匠時，他們便呼喊道：「如果這就是教育，我們將一無所獲 —— 反叛、反叛！」人們總是認為如果一個黑人讓另外一個黑人做事，這就是不友好的行為。對於這個時期所發生的事情我們不需要否定也不用道歉，只需一笑而過。

1877 年，黑人實際上在南方並沒有公民權利，無法接受初級教育。

在教育領域他們並沒有拿到被人們認可的通行證。對於黑人和白人來說這都無可厚非，因為在大部分黑人看來，自由只意味著不工作。所以很快就出現了一幫喝酒喧鬧、混亂無比、無所事事並且對社會充滿危害的黑人階級，他們的終極目標就是走向政治。為了維護社會的安定，白人被迫採取了英勇的手段，結果就是這些黑人直到現在仍然沒有公民權利。

1880 年代早期，布克·華盛頓意識到了在政治上，他的種族是毫無競選希望的，不過他看到貿易是沒有種族歧視的，白人會完全平等地和黑人買賣交易。保險公司會為他們投保、銀行允許他們存錢，並且如果他們夠誠實、有能力，銀行還會給他們貸款。如果他們能夠釘馬蹄，白人就不會在乎膚色了。在各式各樣的技能方面，他們能完全和白人平起平坐。人們唯一要問的就是：「你們能完成這項工作嗎？」

於是布克·華盛頓開始幫助黑人取得自身的成功。他教導他們透過學會技能、做有用的事來服務社會。於是這就是《頭腦、雙手和心智》(*Head, Hand and Heart*) 的來歷。這本小冊子指導人們如何做到和聰明人平分秋色。

布克·華盛頓建設並成就了這個年代，也創造了歷史上最為圓滿的教育體系，而他的人格則超越了他所取得的偉大成就。他是一個從不心存恨意、憤怒或是偏見的人。沒人會在他的評價欄中寫下「衝動」這個詞。他有一半的白人血統，但卻稱自己是黑人。他和賦予他生命的低賤黑人婦女站在一邊，而沒有投向賦予他血脈的可敬白人父親。

他開黑人的專用車，長途跋涉，如果不得不坐車，他會包一個包廂，這樣就不會妨礙別人。通常在旅途中他都會去自己人簡陋的家中吃飯住宿。在旅館，他隨遇而安，從不抗議或是埋怨，偶爾會有沒教養的白人找

他的麻煩 —— 傲慢的白人無法接受如神般高貴的人出現在自己面前。他
對南方的白人只會好言相勸，至多說他們只是不理解而已。他的謙遜、耐
心、寬容都讓人讚嘆。他是一個真正的費邊主義者 [136]，他盡己所能，不
理會任何一個小小的煩擾，絲毫不計較同族人的嘲弄、諷刺和忘恩負義
的行為。「他們不明白。」他平靜地說道。他默默地做著自己的工作。他
被南北方偉大的人們所尊敬。他對能做事的人有信心 —— 他們也是可靠
的人。

---

[136]　費邊主義者的基本信念是由資本主義到社會主義的實現，是一個漸進而必然的轉變過程。

第八章
湯瑪斯・阿諾德

讓我來談一下我的個人工作：保持自我的純潔、熱忱以及信仰，按照上帝的意志，在這片富饒的青藤園中恪守職責地耕耘，直到工作完成。

—— 湯瑪斯・阿諾德

湯瑪斯・阿諾德生於 1795 年，卒於 1842 年。在人們看來，他的一生十分短暫，但這些時光足以讓他永垂不朽。他並不是一個偉大的作家或傳教士，但有時他認為自己兩者皆是。他只是一名教師，但他是教學的藝術家，而藝術不是一件東西，它是一種方法 —— 一種美好、有效的方法。

學校教師沒有辦法大張旗鼓地證明自己高超的技藝，他們也沒有多餘的時間來讓這個世界知道他們有多優秀。因此從戲劇的角度來看，教師的生活如石板一樣樸素灰暗。教師既沒有大把的財富可以沉迷，也無法靠大眾的錢把自己養肥。沒人曾控訴他們是靠掠奪或犯罪致富而成為百萬富翁的人。他們必須日復一日地在固定的時間裡做著自己的工作，並且在很短的時間內就要看到工作的成效。

許多年來大家都是透過湯瑪斯・阿諾德的兒子才知道他，一些偉大的人就是這樣被遮住了光芒。比如說，迪斯雷利（Benjamin Disraeli）[137] 的父親本是一個富有且頗具名望的人，但他才華橫溢的兒子逐漸成為了大眾關注的中心，父親頂多就是沾一點兒子的光而已。在兒子喬凡尼（Giovanni Bellini）和金提爾（Gentile Bellini）超越自己之前，雅各伯・貝里尼（Jacopo Bellini）一直是威尼斯最偉大的畫家，而歷史記載只將他屈就為貝里尼的父親。在亨利・沃德・比徹開始高人一等之前，萊曼・比徹（Lyman Beecher）被認為是美國最偉大的傳教士。老皮特 [138] 一直都被視為天才政

---

[137] 英國著名政治家、小說家。

[138] 查塔姆伯爵威廉・皮特（William Pitt, 1st Earl of Chatham, 1707-1778）通稱「老皮特」，曾任職國務大臣，實為首相。主持了 1751 － 1761 年以及 1766 － 1768 年兩屆聯合政府。1763 年他結束

治家，在他兒子畢業，進入內閣後，一切都發生了改變，這位「吹短號的可怕騎兵」成為了著名的皮特之父。現在一切都已煙消雲散，我們也能正確地看待他們了。我們現在知道其實「偉大的普通人」事實上就是偉人，父親和兒子站在一起，肩並肩地步入時光長廊，傑出人士手中一直提著「偉大」這個行李箱，於是最後他們就覺得這是自己的東西了。詹姆斯·龐德（James B. Pond）少校[139]至少還做了一件好事，他曾說過：「馬修·阿諾德（Matthew Arnold）[140]在美國做過十五場演講，但沒人聽到過一場。他的觀眾們無法忍受時間在一片寂靜中悄悄溜走的情形。」

馬修·阿諾德是一名批評家和作家，憑藉父親的名氣他取得了不值一提的成績。這位演講者雙眼放光，心裡只想著演講並四處巡迴演說。他讓自己變得沉默且冷漠，因為他被告知這兩點是公開演說者的制勝因素。

的確如此，但光憑這兩點是無法造就一個演說家。就好像長髮、特別的領帶以及古怪的帽子，同樣也無法讓一個詩人隨著歲月浪潮混入名望的殿堂一樣。

馬修·阿諾德提倡演講中的沉默，但觀眾不但沒有因此認可他的能力，反而覺得他是睡著了。龐德少校見過許多演講家，他認為這套把戲十分簡單，於是他也如此行事，並和馬修·阿諾德獲得了一樣的成績。沒人能聽見龐德少校的演說，他的聲音只能傳到舞臺前的腳燈那裡，隨即便淹沒在管弦樂隊中。只有那些拿了望遠鏡的人才能看出他在說話。

但讓人無法理解可不是一件好事。男人聲音減弱有兩個原因：感情過於沉重，或是他們本來就很呆滯。

了「七年戰爭」，並策劃了對法國海外屬地，尤其是加拿大和印度的征服活動。

[139] 美國內戰時期官員。

[140] 湯瑪斯·阿諾德之子。

　　馬修・阿諾德又溜回到了他本來的位置上，那就是當一個作家。見過大場面的人才是天才。人類是主題，而書不是。通常書裡寫的都是那些著書人的思想。書籍會消失損毀，而人類的發展則是永無止境的，繼續前進是為了那些為自由而戰的靈魂，而不是有著晦澀想法的人。

　　湯瑪斯・阿諾德之所以能夠獲得不朽的名聲，並不是因為他是馬修・阿諾德及其他八個小阿諾德的父親，而是因為他畢生為了透過教育獲得更廣闊的視野而戰。他為了自由而抬高聲音，他相信孩子是神聖的，而不是邪惡的。拉格比 [141] 的阿諾德和所有偉大的導師一樣，是導師中的導師。教育界現在又重新認可了他的哲學觀，就像我們開始重提湯瑪斯・傑佛遜（Thomas Jefferson） [142] 的才能一樣。這些人都道出了經典而不是轉瞬即逝的真理 —— 無論潮流、時間、地點如何變遷都能適用的真理，他們是人類真正的先知。這就是湯瑪斯・阿諾德！

　　如果湯瑪斯・阿諾德的名氣更大一些，那麼這個世界就有可能再也聽不到他的名字了，因為他會因此在工作中遇到重重阻礙。令人驚奇的是，教堂和國家並沒有將他扼殺。

　　他言辭婉轉、通情達理，但還是無心地招來了一些反對者。他的一生就是一場戰鬥，但他盡全力讓少數人也接受了他。於是這位男子預科學校的校長十四年如一日地過著生活、做著工作。他渾身散發著光芒，在精神的力量下變得更加有力。他一生都生活在光亮之中。

　　在被世俗壓制並扼殺掉之前，他的突然去世也使得他所進行的工作變得更加神聖並且神祕。

---

[141]　英國小鎮，湯瑪斯・阿諾德曾任格拉比公學校長並推行改革。

[142]　美國政治家、思想家、總統（1801 － 1809 年），美國《獨立宣言》（*The Declaration of Independence*）的起草人之一。

幸福的阿諾德！如果他還活著，那麼有可能也已遭遇了和布雷西亞的阿諾德一樣的命運。布雷西亞的阿諾德也是一名偉大的導師，他是阿伯拉德（Peter Abelard）[143] 的學生，教堂以在院長頌文期間講話為由宣判他為擾亂者。之後他像路德、薩佛納羅拉以及所有偉大的教堂改革者一樣，批評了高級教士的無所事事和放蕩生活。教堂放逐了他，並要求他閉嘴，但他仍舊不屈不撓，為自己的發言權而抗爭。教宗下令處死他，並焚燒了他的屍體，將骨灰撒入了台伯河 [144]。浸禮會宣稱布雷西亞的阿諾德是他們教派的先驅，毫無疑問他就是羅傑·威廉斯這類人的典型代表。

湯瑪斯·阿諾德也充滿了正義感。他一身正氣，充滿男子氣概，這讓他變得更加有力。當然他並不希望自己像布雷西亞的阿諾德那樣，被教堂定罪。時過境遷，他只想默默地做自己的工作而已。死亡拯救了他——四十七歲，他的靈魂繼續向前邁進！

湯瑪斯·阿諾德的父母屬於偉大的中產階級。迪斯雷利曾說過，這個階級從來不考慮自身情況，只是一味地在宗教、教育及政治方面追求和模仿無所事事的富人階級。

詹森博士認為，如果中產階級的成員努力工作，省吃儉用，那麼他們很可能是想要為子孫後代積蓄錢財和名聲，讓他們可以不勞而獲。

柏克 [145] 曾說過：「控訴一個階級是沒有道理且不正確的。」但很顯然在英格蘭以及其他地方，有大量很有腦子的人仍然認為「貴族」生活非常美好，令人嚮往。

---

[143] 法國哲學家、神學家。
[144] 義大利中部河流，流經羅馬。
[145] 指艾德蒙·柏克（Edmund Burke, 1729-1797），愛爾蘭的政治家、作家、演說家、政治理論家和哲學家。他曾在英國下議院擔任了數年輝格黨的議員。

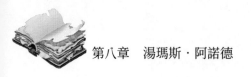

為了這個目的他們想讓自己的兒子變成牧師、律師、醫生或是軍隊官員。

「在英格蘭，有抱負的年輕人想獲得榮譽只有兩條路可選，」格萊斯頓說道，「軍隊和教堂。」

湯瑪斯・阿諾德的父親是懷特島考斯鎮的關稅徵收員。他為政府工作，手底下管著幾個人，我們很容易就能猜出他的才幹、習慣、信仰以及生活模式。他十分講究體面，為了做到體面，一個海關徵收員就必須要在與教堂相關的事宜上謹慎莊重，這樣教堂的人才會接受他 —— 教堂就代表著天堂的國度。因為湯瑪斯・阿諾德長得並不是十分強壯，所以他的父母就將他的未來寄託在了教堂上。

這個孩子才六歲時，父親就死於心肌梗塞。那時男孩已經開始學習拉丁文了，一位傑出的家庭女教師在輔導他的功課，她每天都會訓練他的思維能力，並牽著他的手帶他去散步。週日他會穿上寬大的白領襯衫、閃閃發亮的靴子，戴一頂硬硬的帽子。女教師提醒他不要弄髒襯衫，也不要踩到泥。

後來他講述了自己是多麼羨慕那些不戴帽子也不穿靴子的男孩，而且他們也沒有家庭教師。

他的母親收入不菲，於是這種循規蹈矩、一絲不苟的教育模式繼續進行著。深深愛著男孩的母親在他八歲時將他送離了家。當然大家都哭得淅瀝嘩啦，但是現在他需要一個男性老師，女人總是不在考慮之中的 —— 孩子天性中的邪惡應該被壓制，他的精神要飽經磨練，他的意志要經受訓練。

孩子想得到母親的寵愛或是在乎母親寵愛的事實，都證明了他的墮落。

可敬的格里菲斯博士曾照看過這個男孩兩年，他並不殘酷，但也算不上多有人情味。在自然界，我們從沒有見過母獅把自己的幼崽送到一個變態的獅子那裡去看管。用這種方法能不能把獅子養大也很難說。即使在牠長出了鬃毛後，山羊也會過來將牠頂死。

在格里菲斯博士那裡待了兩年後，年輕的阿諾德被送到了曼徹斯特。十歲到十四歲期間，他一直住在男孩寄宿處。這裡的教師都是男性，他經常對他們讚不絕口，但偶爾也會迸發出一些疑問，質疑是否不該用過分熱心的教導來代替母愛的訓導。

十六歲時他被送到了牛津大學基督聖體學院。1815 年，二十歲的他被推選為奧利爾學院的研究員，他在那裡一直待到了二十四歲。

他在拉丁語、希臘語以及英語方面都獲得過獎項，大家都認為他是一名成績優異的學生，他自己也這樣認為。十年後他回顧過去，說道：「二十二歲時我驕傲、嚴格、呆板、拘謹、不安、不快樂並且在不經意中讓那些和我接觸的人也感到不開心。我唯一能夠融入的人就是那些離群索居的人。」

二十四歲時他當上了教堂執事，經常去附近的小教堂念祈禱文，這能讓他拿到五先令 [146]。現在他拋棄了自己的專業，做著得獎人經常做的事情，那就是教別人如何去做。他是一個非常成功的導師，很多不是他學生的學者都紛紛前來學習。但他並不喜歡這份工作，因為所有的學生和家長都期望他能幫助落後的學生得高分，能穿過針眼擠進教育的樂園之中。

二十六歲時他在布道、教授並且著述艱深的散文，談論一些他自己也不理解的事情。

---

[146]　1 先令約等於新臺幣 3.07 元。

　　從這個簡短的敘述中可以看出，湯瑪斯‧阿諾德早年所受到的教育完全就是那種富有的中產階級最想要孩子接受的教育。他無法接觸到任何誘惑，他的雙手也無法做任何有用的事情。他在經濟方面的知識還有方法只是處在兒童的階段。對於當下的生活他所知甚少，但對於已逝的過去他認為自己了解頗多。

　　這就是十足的僧侶式院校教育，這也是每個富有的英國人想讓自己的兒子接受的教育。簡單地說，這就是英格蘭的標準教育方式。

　　1653 年，可敬的食品雜貨商勞倫斯‧謝里夫（Laurence Sherif）捐助了拉格比文法學校。剛開始的捐贈數額相對來說較小，但他在倫敦房地產上的投資很快增了值，現在這所學校一年的收入已經達到了 35,000 美元左右。

　　在阿諾德的時代，學校裡大概有三百名學生。現在看來這所學校並不大，美國有一百多座城市的高中在許多方面都比它強。

　　拉格比的傳統引人注目，曾在拉格比就讀過以及執教過的偉人都曾提起它。同樣，湯瑪斯‧休斯（Thomas Hughes）[147] 還曾寫過一篇名為《拉格比的湯姆布朗》（*Tom Brown at Rugby*）的知名故事。

　　拉格比文法學校建校 125 年時，約書亞‧雷諾茲（Joshua Reynolds）爵士 [148] 委託康華利斯勳爵 [149] 去美國邀請喬治‧華盛頓前來英國，這樣約書亞爵士才能給他畫像。

　　在阿諾德之前的一百年裡，教育方法一直沒有得到任何可認知的改

---

[147] 英國作家、法理學家和改革家。

[148] 英國 18 世紀後期最富盛名且頗具影響力的歷史肖像畫家和藝術評論家，英國皇家美術學院的創辦人。

[149] 查理斯‧康華利斯（Charles Cornwallis），第一代康華利斯侯爵，又譯康華里、康華利等，英國軍人、殖民地官員及政治家。

變。男孩們聚集在一起爭鬥、吵架、拉幫結派，大男孩欺負小男孩，高年級的使喚低年級的，於是低年級的就成了他們的傭人。這裡並沒有家一般的生活，學習也被刻意地披上了艱深和令人厭煩的外衣，因為人們認為一切令人愉快的事情都是有罪的。

如果讓學習變得如此讓人討厭，那麼學生們只要一走出學校就會馬上甩掉它，我們對此無法想像。

這個系統也許是由教師的惰性演變而來的。按照規定工作的牧師，心思卻放在其他事情上，結果就是他任由會眾墮入地獄，這些都與自己無關。他們和教師如出一轍，都只是完成了自己的職責 —— 僅此而已。

自私、無情以及粗暴驅使他們舉起了手中的鞭子。頭腦就是一切，心靈和雙手一無是處，這就是學校教育。對於背不出書的倒楣鬼，學校有許多讓他們感到丟臉並灰心喪氣的懲治手段，戴著紙帽站在牆角面壁已經被懲罰系統所取代。「不參加祈禱就罰寫十行維吉爾（Vergil）的詩歌，沒得到第一就再加寫十行。」這通常都把男孩逼到絕境之中，瀕臨自暴自棄。如果他是個低年級生，或是被高年級生使喚著給別人擦靴子、擦洗樓梯、被踢打，像傻瓜一樣地被差使做一些沒必要的事情，那麼他就會眼睜睜地看著別人對自己的懲罰越堆越多，直到再也無法徹底擺脫它們，獲得自由。從我們的立場看來，這種事情帶有一種喜劇色彩，頗為好笑。但對於被逮個正著的男孩來說，那就是個悲劇了。在這種充滿暴力的環境裡工作是無法培養氣質的，雙手布滿老繭且性情冷漠才能獲得成功。如果生性溫柔、力氣不大的男孩沒有墮入精神的虛無之中，那麼他就已經處於疾病和死亡的危險之中了。

事實上，學生們的身體狀況都很差：天花、發燒、肺病以及癭瘤都非常普遍。

湯瑪斯‧阿諾德在三十三歲時成為了拉格比學校的校長。他當時已經結婚,且孩子以驚人的頻率在不斷出生。他成為了牧師,一年只能賺一百英鎊。貧窮和責任讓他變得沉穩,而對自己孩子的愛則讓他的心變得柔軟,靈魂充滿活力。

作為作家和演講家,很快他就在各大學院畢業典禮和牧師會議上讓大家刮目相看。他向野蠻、冷漠、懶散以及所謂懲戒性的教育方法發起了挑戰。

據我們所知,在英格蘭是他第一個宣稱教師應該成為孩子的養父母,且一切成功的教育必須源自於愛。

道貌岸然的保守派玩弄著大拇指、清了清嗓子問道:「那麼那些懲戒墮落的規矩呢?你的意思是說孩子們不應該遵守紀律?所羅門(Solomon)所說的棍棒的作用是什麼?難道《聖經》裡面說過孩子天生就是好的嗎?」

但湯瑪斯‧阿諾德無法解釋出他所知道的一切,而且他也不想和教堂對抗 —— 他相信教堂,對他來說那是個神聖的機構,但他情願忘記教堂裡的一些方法和作為。

「我同情弱者,」他說道,「弱者經常需要鼓勵而不是訓誡。教師必須贏得壞男孩的心,而不是壓抑他。」

在一次牧師會議上,阿諾德說道:

「我曾經責罵過一個弱小、蒼白的男孩 —— 他看起來過於瘦小,且有些病怏怏的,他無法背出非常簡單的課程。他仰頭看著我,說了一句讓我為之一震的話:『先生,你為何生氣?你知道嗎,我已經盡我所能了。』」

在場的一位牧師問阿諾德是怎麼懲罰這個放肆的男孩的。

阿諾德回答道：「我沒有懲罰他，他給了我一個很好的教訓，我請求了他的原諒。」

教師請求學生原諒還是一件破天荒的事情。

幾位在場的牧師笑了起來，一位皺起了眉頭，另兩位則對此嗤之以鼻。但不久之後，主教就力推湯瑪斯·阿諾德擔任拉格比的校長，在推薦信中他這樣寫道：「如果能夠當選，他將會改變英格蘭所有公學的教學方法。」

於是他當選了拉格比的校長。薪水差強人意，學生在兩百到三百之間——許多都請了病假回家了，六年級的學生在管事。

阿諾德的天賦一到拉格比就得到了充分的展現。他掌控了仗勢欺人的男孩們，而且還是用合法的手段做到這一點的。

以大欺小是公開的行為。

六年級有三十個男孩，他們高高在上，統領著整個學校。他們靠塊頭、力量、攻擊性以及心智取勝，獲得了統治的權力。他們現在不聽從於任何權威人士——他們是自由的，不到一年他們就能進入大學。

我們現在很難理解，為何一個橫行霸道的人能因為這些行為而得到高分，但如今這個想法依舊適用於知名的橄欖球運動員，他們在課堂上會獲得高分和關照。如果換成是瘦小的學生，那麼就肯定會出局了。

這個機構將訓誡的責任甩給了六年級，自己獲得了解放。

讀讀阿諾德的日記，你就會驚訝地看到，他是如何和六年級的學生抗爭，從他們手裡奪過他們宣稱自己所擁有的體罰學生的權力的。

如果一名老師認為需要懲罰某位學生，他就會把這個倒楣鬼交到六年級的學生手中。我們現在根本無法想像還有這樣一種體制，某些學生

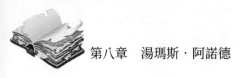

的職責就是鞭打其他的學生。如果被打的人敢還手，他們就會將他打個半死。

這就是 1830 年英格蘭公學的教育方法。

現在一種日益成長的觀點正在極力反對這種粗暴的教育方式，一個平和的聲音正在命令這種思想就此打住！

阿諾德上任了，他宣稱自己並不打算削弱六年級的權力，他想要讓他們變得文明一些，這讓董事們對他十分不滿。為了考驗這位新任校長，六年級的學生捎話說，如果他想耍什麼花招，他們就會先「毀了這個學校」，然後集體退學。他們還放話說如果有任何人敢跟校長說六年級的壞話，他們就會在晚上將他帶出學校，把他扔到雅芳河裡。

低年級的學生中有關於離奇失蹤的傳說，這些據說就是「血腥的六年級」的報復行動。

沒人能管得了六年級。

每個學生都向「六年級生」脫帽。六年級學生從不向任何人脫帽，他們見到老師時只是碰碰帽簷。

傳統是如此根深蒂固，六年級學生被尊為一種類似於員警的人物，他們就像軍隊聽命於教堂一樣為學校服務。進入六年級就等於去了樂園，它意味著自由和權力——獲得隨心所欲的自由以及有權力懲罰質疑自己權威的人。

一些教育學改革者希望能除去六年級學生的權力。

有兩種方法可以對付六年級的男孩們，和他們戰鬥或是教育他們。

阿諾德召集了所有拉格比六年級的學生，讓他們相信自己沒有他們的幫助就無法成功。他需要他們，他想要將拉格比變成一所模範學校，一所

能夠影響全英格蘭的學校 —— 他們會幫助他嗎？

他面前這些倔強的學生表現出了興趣。他沒有等他們回答又繼續說下去，在他們面前樹立了一個完美英國紳士的形象。他說服了他們，用自己的熱情融化了他們，並和他們每個人握了握手，然後送走了他們。

第二天他又同樣親密的方式接見了他們，其中一個男孩大膽地向他保證，如果他想要給誰好看 —— 無論是學生還是教師，他們都會隨時聽命。

他謝過了這個男孩，並向他保證自己認為並沒有必要對任何人使用暴力。他將向他們展示另外一種方法，一種全新的方法，它早就存在，但英格蘭尚未試過。

偉大的導師並不是呈現最多事實的那個人，他能藉由給出一個高貴的理想去激勵他人。

人是否優秀取決於他們所擁有的某種特質。真實、敬意、坦率、健康、規律、勤奮、仁慈、振奮，並且有一顆樂於助人的心，這些特質要遠遠高於任何相比之下不僅可憎而且還荒謬的精神統治。

阿諾德激發了人們的特質，他的工作也成為了教育學發展之路上的重要里程碑。

在教師的應聘要求上，阿諾德寫道：

「我想要的人應該是一個基督徒、一個紳士、一個有活力的人、一個有常識並且理解男孩的人。我並不是很在意學識，因為我不是很重視形式，但轉念一想，我其實也是很在意學識的，因為學生也許會因此獲得更多的知識。除此之外，我認為知識非常全面的人可以很好地教授某些原理。我比較喜歡思維活躍、對獲得更多學問感興趣的人。對於那些學習起

來更加快速的學生來說，我希望新老師能讓他們住在家裡，我也希望之後所有教師都能如此，這樣的話就不需要學校宿舍了。我認為自己有權利來擇優錄用我所需要的人才。我的目標就是找到一位聰明、溫柔以及有活力的社會人士，他會一如既往地遵循學校的理念，即使我明天就斷了頭，他也會繼續遵循下去。」

理想近在眼前，與此同時偉大的發明都在世界各地湧現。盧梭已經寫出了《愛彌兒》（*Emile*），但我們還不清楚阿諾德是否曾經讀過它。

如果他曾讀過，那他也許會為其赤裸裸的坦誠感到震驚，而不是從中獲得激勵。法國人或許可以接受，但英國人不能。

教育家斐裴斯塔洛齊（Johan Pestalozzi）在瑞士為了理想而努力，而福祿貝爾 [150] 這位不稱職的德國農家小夥，正在盼望著自己的理想能夠實現。湯瑪斯・阿諾德抓住了英格蘭的情感命脈，並用一生編織著它們。

他的計畫非常科學嚴謹，但他的理論和裴斯塔洛齊不同。阿諾德十分忠實於教堂，但他很容易就忘記去做一些教堂所支持的事情。他的教育追溯到了接近根源的地方，所有宗教組織的改革者都回到了最初的原型上。耶穌的宗教信仰十分簡單，而現代教堂大人物們的理想則十分複雜。一個是可以讓人一目了然的人，而另一個則是需要闡釋且通常還需幾國語言的幫助才能讓人明白的人。

阿諾德想讓他的男孩們成為基督教的紳士，但他並沒有為這種類型的英國紳士著書立說，這是他自己的想法，而一旦涉足至此，他便開始用《聖經》的章節來為自己辯護。這也是十分美好的事情，但從我們的觀點來看，這完全沒有必要。

---

[150] 德國教育家，幼稚園創辦人。

但他卻認為應該如此。

對他來說，紳士就是一個能看到他人最好的一面，而不是只盯著他人錯誤的人。他們從不輕視他人，忘記自己曾做過的好事。他們彬彬有禮、仁慈、快樂、勤奮並且表裡如一地保持整潔。他們不輕易發怒、熱情洋溢、忠於上帝。「上帝」對阿諾德來說就是教堂和國家的代表。

阿諾德常說：「教育並不應該基於宗教之上，它本身就是宗教。」對他來說，宗教和行為是一致的。

他透過六年級對拉格比進行的改革就是一個實例。他向大男孩灌輸他們必須要幫助弱小的思想，且第一次犯錯的人不應該受到任何懲罰，那個人應該對此做出反省，了解到自己這樣改正是因為它是正確的，而不是因為害怕懲罰。

他教導六年級學生放下架子，和所謂的低年級學生成為好夥伴。他用和「雜役苦力」打板球來達到這個目的。

他從不笑話差勁的板球運動員或是學生。他帶愚鈍的學生回家，並認為其他教師也應該如此。他向六年級學生展示了幫助弱者、停止欺凌弱者要比高高在上好得多。阿諾德來拉格比還不到一年，六年級學生就改組成了接待委員會。他們歡迎所有新生，安頓他們、向他們介紹其他男孩、帶他們逛景點並且像大哥哥或寄養父親一樣滿足他們的需求。

基督教對阿諾德來說就是服務於人類的。他用自己的熱忱服務、幫助、祝福、激勵人們，永不倦怠。

這種品性逐漸傳播開來。每間大公司或是學校裡都會有一個能用自己的態度影響全機構的人。人人都會受到影響。如果老闆得了憂鬱症，那麼整個店面都會染上這種疾病，整個地方都會蒙上憂鬱的顏色，最後只能等

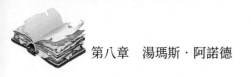

待四分五裂的衰亡到來。

　　學校和商店、銀行、旅館、雜貨店、家庭或是教堂，一樣都必須有一個靈魂。如果一個機構逐漸壯大卻沒有靈魂——只是有一個管錢的人和幾個董事會成員，那麼腐爛和瓦解就一觸即發。

　　這也解釋了為什麼小學校能做到如下這一點時是最好的：學校擁有自己的個性以及無處不在、永不變質的活生生的靈魂。

　　湯瑪斯・阿諾德並不是一個多麼博學的人，也沒有人會深信不疑地說他有多麼天資聰穎，但他卻擁有靈魂。他從沒想過如何保全自己，他將自己奉獻給了拉格比的男孩們。他的心和他們同在，他相信他們——即使看出他們在說謊，他還是會相信他們。他知道人性就是來自內心的聲音，他相信人性的神聖，並試圖忘記宗教理論所教導的一些蠢事。

　　像在維吉尼亞大學建立了信用制度[151]的湯瑪斯・傑佛遜一樣，他也相信年輕人。他呼籲人類靈魂中天生的善。在某些方面他比熱愛這些男孩的班傑明・林賽更要超前，甚至如果他沒有把精力浪費在與愚蠢和喜歡賣弄的人們的爭鬥上，那麼他豐富的頭腦也能蹦出青少年法庭這個想法，並阻止犯罪的發生。但那些蠢人卻一直朝他大喊：「哦，有誰曾聽說過這種事情嗎？」

　　幼稚園利用了兒童愛玩的天性，而阿諾德利用了人們對權威的渴望。想要得到認可的渴望促成了利他主義的形成。

　　透過利用六年級獲得自治的計畫和我們的「喬治青年共和機構」類似。「一所學校，」他說道，「應該透過自治來遠離那些有害的東西。如果一個學生能夠藉由做好、做對來滿足自己天性中對獲得認可的渴望，那麼

---

[151]「榮譽制度」或「信用制度」是美國維吉尼亞大學學生對於學校的一項承諾制度，反映學生自治的傳統，源自湯瑪斯・傑佛遜的教育思想。

他就會以此為目的行事，而不是透過欺凌弱小來扮英雄。只要我們教師說出這句話，學生就會對此認可並如此行事。如果看到一間喧嘩的教室，我會責備自己，而不是怪罪學生。這是我的失敗，和他們無關。如果我行事得當，那麼學生就會尊敬我。我控制了大局、設置了步調，如果我的靈魂偏離了方向，整個學校就會陷入混亂之中。」

沒有熱忱將一事無成，用心而不是用腦才能贏得世界，然而大腦必須要有序地推動心靈。阿諾德將靈魂放入了握手之中。他的學生永遠不會忘記他。無論他們去哪裡，無論他們活了多久，他們都對拉格比的阿諾德讚不絕口。沒人能說出這位認真、熱情、有愛心並且真摯的導師對文明的影響有多深。但我們知道，從他開始，我們有了一種全新的科學教育方法，鞭子和劣等生都不見了。「從今以後我知道我的孩子們會做對的！」在這項宣告公布時，作為一項莊重的儀式，人們在湯瑪斯・阿諾德的房子裡燒毀了特製的九尾鞭，從此他成為了基督教世界中每個家庭裡的教育榜樣。

我們不再鞭笞兒童，學校也不再是充滿恐懼、痛苦和折磨的地方。所有教師都在重複弗里德里希・福祿貝爾所說的那句耶穌說過的話：「讓小孩到我這裡來，不要阻止他們。因為在天國的，正是這樣的人。」[152]

同樣我們也跟著湯瑪斯・阿諾德說：「這個男孩就是人類之父，只有哺育這個男孩，讓他擁有對於健康、力量、勇敢的渴求，造福並服務於人類，我們才能夠誕生出一個紳士的種族。」

---

[152] 《新約・馬太福音》19：14。

第九章
弗里德里希・福祿貝爾

　　幼稚園存在的目的就是為那些不得不整日工作的窮困母親提供必須和自然而然的幫助 —— 她們無法將孩子帶在身邊。幼稚園的日常活動如下：兒童單獨自由活動、一群兒童自由活動、在教師的帶領下活動、做體操運動和一些適合幼兒做的手工，外出散步、學習樂器和聲樂、學習背誦詩歌，講故事、看一些優秀的畫作、幫忙做家務以及園藝。

—— 福祿貝爾

　　弗里德里希‧福祿貝爾於 1782 年 4 月 21 日出生在德國圖林根自由邦的一個村落中。他的父親是路德會教堂的一名牧師，母親在他還不到一歲時就去世了。不久，一位繼母就取代了她的位置 —— 但並不稱職。這位繼母就是我們現今所看到的那種「最佳推銷員」類型的人。

　　十歲時，純粹是出於同情，一位擁有自己的大家族並且十分有愛心的叔叔，將福祿貝爾從這個杜鵑的窩[153]中拯救了出來。他有許多優秀的兄弟姐妹，但從來沒有人真正懷念過纖細、單薄、膽怯、陰鬱並且憂傷的小福祿貝爾。

　　這位叔叔帶著小男孩去工作，他像對待大人一樣對待他，向他提問，甚至還允許他騎木馬，並送給他一個屬於自己的花園。

　　十五歲時他開始顯現了自己的愛好，於是這位叔叔按照男孩的意願，將他送到林務官那裡當了兩年學徒。年輕人首先要做的工作就是給某一範圍內的樹木列一個名單，估計它們各自的年齡。在開始工作的前一晚，他躺在那裡幻想著這份工作的樂趣。在之後的歲月裡，他又重提了這段小插曲，並以此說明將工作和玩耍徹底分開是非常荒謬的。

　　從十五歲到十七歲這兩年的學徒生涯，對他來說要比上任何大學都有

---

[153]　杜鵑不築窩，偷偷把自己的蛋下到其他鳥的窩裡。

用。他的繼母對他的教育幾乎就是一系列的禁令。在他還是個嬰孩時，大人就警告他要當心。他上街時要隨時提防被馬車撞倒、被吉普賽人偷竊或是掉到橋下淹死。危險無處不在的這個想法已被灌輸到了他的腦海之中，恐懼已經成了他性格中的一部分。即使在十五歲時，他還會千辛萬苦地趕在日落之前從樹林中走出來，以免遇到熊，同時他的理智又在告訴他，那裡根本沒有熊，但無處不在的恐懼卻總是追隨著他。

在某種程度上，樹林中的工作增強了他的體質，他沒日沒夜地待在森林中。他的職責讓他學會了觀察、描述、繪畫、調查以及決定。這就是一種遷移，也許讓年輕人脫離家庭環境、換一個新環境的做法，就是最好的大學教育。

森林學在美國還是一項新興的科學。為了開荒，人們砍伐、焚燒並損毀森林，只留下他們想要得到的「木材」，而現在人們開始認真地考慮造林保林。也許人們更該捫心自問，是否兩年在戶外學習林學，和大自然接觸，和樹木、岩石、植物以及動物打交道，要比待在無趣的宿舍以及教室中聽著像天書一樣枯燥的授課更好一些？

我想說男孩就是個沒有開化的野人，我並不在乎會冒犯那些疼愛孩子的母親。就像整個人類所受到的教育一樣，教導他們學習自己喜歡的事似乎是正確可行的。黃石國家公園怎麼能代替國立大學，成為傑克・克勞福德（Jack Crawford）上尉、威廉・馬爾登、約翰・巴勒斯（John Burroughs）[154]、約翰・杜威、史坦利・霍爾這類人物的學習機構？

福祿貝爾認為在森林裡的兩年讓他免受肺結核甚至是精神錯亂的痛苦。因為森林教會他向外看以及樂於助人。當時的他有些過於多愁善感，

---

[154] 美國博物學家、散文家，美國環保運動中的重要人物。

並比較病態地敏感，這絕對會要了他的命。

　　樹林以及戶外生活讓他獲得了平衡和鎮定以及良好的消化能力和酣睡的夜晚。

　　兩年過去了，他去了耶拿城投奔哥哥。他的哥哥是個著名的學者，而且是福祿貝爾心中教育學的領袖人物。福祿貝爾成為了耶拿一所預備學校的教授，他開始授課，但他從來沒有不幸地去冒天下之大不韙，於是遺忘漸漸將他據為己有，他最終被淹沒在了人群之中。

　　在耶拿，福祿貝爾並沒有出人頭地，他在預備學校的工作對他也沒有多大幫助。在他這個年紀，學習太過吃力，後來他聽從了愚蠢的建議，請了一位導師來幫助他。然後他便被毀掉了，債務纏身還進了「卡塞爾」[155]，在那裡他用國家的錢吃了九個禮拜的飯。

　　在卡塞爾他並沒有繼續學習，且監禁生活毀了他的健康。如果他在卡塞爾參加決鬥，那麼他就會變成一個英雄，但債務纏身意味著他既沒錢也沒有朋友。在一次經濟運動中他被釋放，於是他奔向了林務局，申請勞工的工作。他得到了這份工作，並在幾天後就當上了學徒主管。

　　林學意味著要懂得測量學方面的知識，福祿貝爾很快就掌握了它。之後還要學會製圖，而那對他來說則十分有趣。從製圖到建築學只有一步之遙，於是福祿貝爾離開了林中的工作，成為了一名建築師的助手，薪資是一年十鎊。很快他就發現這是一項沒什麼發展的工作，而且比他想像的還要糟糕一些——這份工作需要一些數學知識，而數學正是福祿貝爾的弱項。他對此感到十分失望，而當有意外發生時，他的雇主也會倍感失望。

　　天才都有自己的原型人物。福祿貝爾的原型就是瑞典的裴斯塔洛齊。

---

[155]　古羅馬監獄。

他曾學習神學和法律，但後來發現它們對人類的進化毫無幫助，於是他便放棄了它們，並將注意力轉向了教育學。裴斯塔洛齊受到了尚——雅克·盧梭的啟發，他非常虔誠地拜讀了《愛彌兒》。透過自然方法教學，將學習和工作結合，寓教於樂便是他的宗旨。裴斯塔洛齊推崇戶外教學法，因為兒童充滿野性又好動——他們總想去某個地方。他所用的就是亞里斯多德的方法，這和那些把兒童關在房間裡或是修道院中的方法截然相反，但他錯就錯在不該公開宣稱教育應該從牧師的手中脫離出來，這讓牧師對他十分不滿。

一開始裴斯塔洛齊並沒有獲得太多的支持，只有貧窮和無知的人們才將自己的孩子委託給他照看，事實上他還會付錢給一些父母來為他們服務。在得到教育工作的同時還能用其所學，這種想法已經大大地超越了他們的理解能力。

裴斯塔洛齊祕密地進行著他的教育計畫。起初他找來幾個八歲、十歲以及十二歲的男孩女孩，帶領他們一起在自己的花園裡工作。他們照看家禽和羊群，為奶牛擠奶。老師也和他們一起邊工作邊說話。裴斯塔洛齊會讓他們注意觀察野鳥、花朵、樹木以及種子。他們會畫一些圖畫、收集葉子和花朵並且記錄自己的觀察和發現。透過保存這些記錄，他們學會了閱讀和寫字，並且掌握了一些簡單的數學知識，如果他們有不明白的地方就去老師的圖書館裡閱讀並尋找答案。那些圖書都是二手的，並沒有系統地按照學生的學習計畫來擺放。如果工作累了他們就停下來玩遊戲，在其他時間裡他們會坐下來討論工作中的一些事情。如果天氣不好，他們就會去一家商店裡製作鋤頭、耙以及其他需要用的工具。他們還做鳥屋以及一些簡單的家具。於是所有的學生，無論男孩女孩，都或多或少地懂那麼一點木匠和鐵匠活。他們自己補鞋、縫補衣服，有時還自己做飯。

　　裴斯塔洛齊發現，用這種方法他只能看管不到十個學生，讓他滿意的是，至少他證明了用他的方法教出來的學生，要比那些接受常規學校課程的學生強得多。擺在他面前最大的困難就是家庭不配合學校的工作，而且家長總是有將孩子「遣送回家」的傾向。

　　裴斯塔洛齊描述了他的實驗，並強調他認為教師應該透過孩子的自然活動來教育他們，孩子的成長都應該是快樂的。他的準則是「由內而外」，他認為教育是發展，而不是攫取。

　　法蘭克福的建築師助手弗里德里希・福祿貝爾無意間得到了一本裴斯塔洛齊所著的小冊子。

　　福祿貝爾那時二十二歲，從嬰兒時期開始，命運就讓他不斷地從事各種工作，而所有的經驗都是在為理解裴斯塔洛齊所表達的理論做準備。

　　除此之外，他已經開始對建築學失去興趣。「那些有能力的人會繼續做下去，不行的就去教書。」這只是句玩笑話，卻道出了一些真理。

　　福祿貝爾非常渴望當一名教師。當時法蘭克福有一所給教師上課的現代學校，校長是格魯納（Gruner）先生，這所學校就在應用一些裴斯塔洛齊的教學方法。在一次偶然的情況下，格魯納遇到了福祿貝爾。格魯納想招一名能運用裴斯塔洛齊的方法教學的教師，於是福祿貝爾向格魯納先生申請了這個職位。他得到了這份工作並兼職做看門人，薪水是一週十馬克，也就是兩美元五十美分，包含食宿。

　　福祿貝爾的意氣風發和巨大的熱忱贏得了格魯納的心。他們一起討論裴斯塔洛齊和他的著作，閱讀他的一切作品，並和這位偉大的人通信。於是他邀請福祿貝爾去瑞士伊韋爾東鎮附近的農場學校做客。

　　格魯納向福祿貝爾提供了必要的資金，以便讓他換掉那身破爛不堪的

衣服，於是這位年輕人啟程了。這段路程有兩百多英里遠，但青春和熱情讓這樣的長途跋涉變成了一件有趣的事。福祿貝爾穿著他的破衣服，帶上了新衣服，煥然一新地出現在了這位校長面前。

裴斯塔洛齊當時已經六十歲了，但他對「新方法」仍有很高的期望。他曾遭遇過反對、嘲笑以及冷漠，這些爭鬥已經花去了他僅有的小小積蓄，但他仍為之努力，並立志戰鬥到最後一刻。

福祿貝爾並沒有對裴斯塔洛齊感到失望，當然裴斯塔洛齊也很滿意這位年輕人的執著。裴斯塔洛齊用一種非常節儉的方式工作著，福祿貝爾活躍的想像力能彌補他所有欠缺的地方。

福祿貝爾獲益匪淺，他也帶來了許多自己的新思想。

福祿貝爾滿懷熱情地從裴斯塔洛齊那裡回到了法蘭克福，任何一個教師如果缺少了這種熱情就無法獲得成功。格魯納允許他給學校帶來改變，於是很快福祿貝爾的房間就成了整個學校最有趣的地方，但麻煩正在前方等待著他。

他沒有學校文憑，教學經驗也十分短暫。他希望人們忘記他的個人履歷，但它揮之不去。格魯納的學校受政府監管，那些長著雙下巴的紳士們一次次地來視察這個地方，詢問那位滿腔熱情的年輕人是誰，憑什麼這位看門人和前林務員會得到這麼高的職位。

事實上，在福祿貝爾的一生中，沒受過高等教育的嘲諷一直圍繞著他。也就是說，從沒有哪所學校曾教過他字母表。他當過林務員、農民、建築師、男孩的監護人以及女人的教師，但從沒有哪間機構正式地說過他適合教書育人。

格魯納試圖對此進行解釋。世界上有兩種教師：一種是天生的教師，

而另一種則需要經過長時間的學習獲得教學方法。前一種不用學習太多，他們熱愛孩子，有著願意奉獻自我的特質，他們是最成功的教師。

但可憐的格魯納的解釋並沒有起到任何作用。

福祿貝爾發現，為了得到教師的職位就必須要獲得一張文憑。「時間會改變它的。」他說道。於是他再次啟程前去拜訪裴斯塔洛齊，他計劃一直和這位校長待在一起，直到拿到文憑為止。

裴斯塔洛齊再次歡迎了這位年輕人，福祿貝爾成為了這裡的學生，同時也兼任教師。他任勞任怨的工作 —— 去做任何在他手邊的工作。他的好品性以及他的感恩之情，贏得了所有人的心。

在當時，送男孩上學、為他找一個既是伴侶又是教師的人的做法，在有錢人中十分流行。人們還記得威廉（Wilhelm von Humboldt）以及亞歷山大·馮·洪堡德就是這樣接受了他們的早期教育，他們和導師一起從這所大學走到那所大學，他們作為特別學生加入這些班級並融入他們，使自己成為其中的一員。

透過格魯納或是裴斯塔洛齊，或是他們倆人的介紹，一個帶著三個兒子的富有女人聘請福祿貝爾去馬其頓，幫助她教育她的兒子。

1807 年，二十五歲的福祿貝爾成為了馮·霍茲豪森（Von Holzhausen）家族的家庭教師。那是他第一份報酬豐厚又清閒的工作，他的感激之情自不必說。

他遊歷了柏林、哥廷根，也在耶拿住了一段日子，之後他又在威瑪逗留了一段時間，四年的教學課程就此結束。

男孩們已經長成了男人，並在之後的日子裡證明了自己的能力。但他們在遷移中所得到的東西是否要比他們的教師所教授的還多，這仍值得懷

疑。對於福祿貝爾來說，時機已經成熟，而這些男孩已經因為擁有太多機會而厭倦了它們。

然後戰爭爆發了。學生們響應國家號召，紛紛應徵入伍。這也喚醒了福祿貝爾的愛國情，於是他和自己的學生一起加入了軍隊。

他的服役生涯算不上多麼輝煌，但也十分光榮，而且給他帶來了一些好處：他交到兩個並肩作戰的好朋友，他們都迷上了裴斯塔洛齊，畢生都在推廣和傳授他的「新方法」。

這兩個人就是威廉‧米登道夫（William Middendorf）和亨利‧朗根塔爾（Henry Langenthal）。他們三兄弟的感情好得出奇。在他們第一次相遇的四十年後，米登道夫在福祿貝爾的葬禮上發表了一場經典的演講，讓愛和信仰得以不朽。

之後米登道夫接手了他的工作，冒著名譽掃地和遭受牢獄之苦的危險，繼續推行他親愛的已逝朋友的幼稚園體制。如果不是米登道夫和朗根塔爾，幼稚園這個構思也許早已和福祿貝爾一起埋入了他的墳墓之中。

第一所幼稚園於 1836 年在凱爾豪附近的小村落布蘭肯堡創立。那時福祿貝爾已經五十四歲，他很高興娶了一位不會妨礙他工作的妻子，即使她並不能給他什麼靈感。他沒有後代，而所有的孩子都可以叫他「父親」。

歲月就在建立裴斯塔洛齊和格魯納教育體系的師範學校的爭鬥中流逝了。沮喪、誤解以及愚行一直追隨著福祿貝爾。牧師們就像痴痴地重視已消亡語言的書呆子一樣，使出了控訴異端革新的手段，再加上福祿貝爾本身又不是很擅長經營，這一切最終毀掉了他的各種冒險計畫。

福祿貝爾認為，女人內在的母性本能，使其比男人生來就更適合做教師。這個觀點遭到了一位博學的修道士的反駁，他認為不是修女的未婚女

性如果從事研究兒童性格的工作，那她即使算不上有罪，也可以說是非常粗俗的。

孩子到了上學的年紀，父母不會放心地把他們的寶貝交到教學實驗者的手中，這是他們的牧師所給出的建議。

無論是經歷恥辱還是失敗，米登道夫和朗根塔爾一直追隨著福祿貝爾。沒人願意放棄為自然教學方法而戰。

一個偉大的想法和一個偉大的單詞已經呈現在了他們的眼前。

從還未達到入學年紀的兒童入手，就叫它「幼稚園」！

他們高興地大喊大叫，跑下山去告訴福祿貝爾夫人這個好消息。

他們之前建立的學校被稱為「透過裴斯塔洛齊方法及兒童自發活動授課的機構」、「學生自發活動鼓勵開發機構」以及「弗里德里希・福祿貝爾開發創造力、創造有用個性學校」。

有這種名字的學校當然不會成功。沒人能記住這麼長的名字，家長也不會送他們的孩子去那裡，這種學校的存在對於沒有做好準備的頭腦來說沒有任何意義。

名字中包含著什麼？一切。書籍是暢銷還是成為滯銷庫存都取決於名字，商品也是如此，比如鐵路就必須有一個人們敢說得出口的名字。

法律官員們前來查看福祿貝爾的營業執照，還有人詢問他商品的性質。一位顯要人物前來拜訪他並問道：「裴斯塔洛齊先生在嗎？」

幼稚園！這個新名字管用了，孩子們記住了它。過度勞累的母親們喜歡這個單詞，當然她們也很樂於讓其他母親帶著孩子來到幼稚園上學。

福祿貝爾已經習慣了受挫，他是個天生的樂觀主義者。他能看到每件

事好的一面，這其中也包括失敗。

　　他全力以赴地做到了最好。現在很明顯，對他來說教育「必須要在孩子出生一百天前就開始進行」。他將透過孩子和家庭及母親建立關係。「需要三代人來證明『幼稚園』這個想法的正確性。」他說道。

　　歌曲、禮物以及遊戲……他們需要想出所有的一切，為其辯護，他們一次又一次地為之努力。裴斯泰塔洛齊有一個教育年輕人的計畫，現在他們必須要修改這個計畫，使其能適用於兒童。愛是主旨，歡樂、無私以及堅信天性或神聖的人性本能組成了主體結構。

　　福祿貝爾創造了「女教師」這個詞。也就是說，他發明了這個詞的原型，並讓它變得能夠達意，他甚至還杜撰出了這個單詞。於是這個非常搞笑的詞迅速地被全世界記住了，人們把它當成一個挖苦鄉巴佬或是類似羞辱性的詞語。一開始這個詞的寫法是「學校母親」，但當它傳到那些友好的海岸上時，他們將它翻譯成了「校母」，人們對此竊笑不已，同時還嗤之以鼻。

　　福祿貝爾死於 1852 年。直到將近六十歲時，他的第一所幼稚園才有所建樹。在三十多年的時間裡，這個想法一直在他的腦海中盤旋並不斷地得到完善。

　　這些年來，他一直就教育這個主題思考、寫作、實驗以及工作，他也曾幾近絕望。他注意到六歲是「適學年齡」，也就是說，所有的兒童應該長到六歲後才去上學，於是他的教育開始了。

　　福祿貝爾一直在一所鄉村學校中教學，四處寄宿。早在這之前他就發現，孩子經由觀察和玩耍進行學習，這種觀察和玩耍的影響力跟實際學校的影響力一樣。

在福祿貝爾寄宿的大家族中，他發現年長的女孩會照顧年幼的兒童。一個十歲的女孩經常會穿上齊膝的衣服，抱著一個嬰兒，後面還跟著兩個蹣跚學步的孩子，小女孩充當起了另一個媽媽的角色。真正的媽媽在田裡耕作或是忙於家務，而這位小媽媽就在媽媽工作時帶著孩子們出去玩或是逗他們開心。

福祿貝爾想要教育整個人類，但每天在學校的時光是如此短暫，家庭的氛圍又是如此糟糕！

讓母親對教育問題感興趣幾乎是一件不可能的事情。辛勞的工作、清苦的生活以及貧窮已經讓她喪失了心中所有的浪漫和熱情。她是發育受阻的受害者，但小媽媽還是個孩子，她易受影響、仍未發育完全，她還有藥可救。家庭必須要配合學校，否則學校的一切教導都會在孩子回家後被遺忘。福祿貝爾還看到，通常小媽媽在回家之後還要繼續盡她的職責。此外，教育一般只是針對男孩而言的。

於是福祿貝爾踏入了違法者的行列，班傑明‧林賽在成立青少年法庭時放棄了所有現有的法律程序，甚至還刪去了證人發誓的環節，且即使這個犯了錯的小傢伙撒謊，他也還是相信他。福祿貝爾讓這些小媽媽們進入了學校，還帶著她們的小寶寶弟妹。

於是他開始著手向這些女孩們展示如何娛樂以及教育這些寶寶。他常說是寶寶們教育了他。

一些還未發育完全的女孩顯示出了驚人的教師天分，她們將母愛和教師的天性結合在了一起。

福祿貝爾利用了她們對於他人的教育，這樣他才有可能教育她們。

他看到教師就是那個脫離課本最多的人，真正的教師是一個學習者。

他把這些女孩稱為「女教師」，於是全世界的人都知道了這個單詞。

福祿貝爾建立了第一所培養女教師的現代師範學校，這只是不到一百年前發生的事情。

時光流逝，這些小媽媽們也有了自己的孩子，而這些孩子成為了第一批名副其實的幼稚園學員。

同樣，也有一些媽媽成立了第一個母親俱樂部。

這些俱樂部取得了空前的成就，吸引了權威人士的注意，在他們的眼裡，建立俱樂部的目的就是為了策劃謀反。不管怎樣，一個認為女人和男人一樣聰明睿智、一樣適合教學的想法，會讓牧師們寢食難安。如果女人能夠破格進入學校，那麼她們也能破格進入教堂。此外，鼓勵玩樂的做法讓人感到非常震驚。天啊！在學校教室裡玩耍！即使傻瓜都知道，就是它阻礙了教育的發展，成為教育學進程中的一顆絆腳石。如果福祿貝爾先生能發明一種廢除在教室中玩耍的方法，那麼他就會得到一份退休金。

「孩子的本性是善的」這一學說被視為異教邪說，教條陳規再次復興起來。「重生吧！人類生來就和上帝作對，我們是有罪的，生來就帶著罪惡。」《聖經》一次次地重複著這個說法。

但這個男人認為他比所有的牧師和學者知道的都多，他告訴女人們，她們生來就是教師，不該在田地裡工作、打掃房間並等著男人回家。

天國裡的上帝啊！女人早已知道得太多！如果這樣下去，男人就不得不離開地球，而女人和兒童將透過玩樂來統治這個世界。所羅門曾經說過什麼？「孩子不打不成器。」但是這些女孩卻說並非如此。

在德國成為人類的笑柄之前必須要阻止它，誰敢說出「幼稚園」這個詞，就讓他試試九尾鞭！

「讓小孩子到我這裡來，不要阻止他們。因為在天國的，正是這樣的人。」說出這些話的人並沒有得到太多的鼓勵，他本可以創建一個兒童樂園，為小小的靈魂提供一個讓他們健康成長的環境。他生來就是個導師，他最好的學生就是女人和兒童。男人們認為他們早已洞察一切 —— 他們和思想無緣。

1850 年的柏林就像一千九百年前的耶路撒冷一樣，驕傲的牧師和貴族般的士兵就是至高無上的統治者，他們都對自己的心靈造詣和教育方法頗為滿意。他們十分虔誠，而將耶穌釘在十字架上和阻止弗里德里希・福祿貝爾繼續他的工作有著相似之處。他們將開設幼稚園變成了一項罪狀，加速了這位最為優雅、高貴、純潔的人的死亡 —— 他曾為這個地球祈福。

福祿貝爾過世時只有七十歲。「他的雙眼沒有昏花，精神沒有衰敗。」[156] 他從未像這般充滿熱情和希望。成功最後終於來到了門前，他的思想得到了傳播。他啟發了女人並證明女人也適合教書育人，他的母親俱樂部數不勝數 —— 愛是它們的暗號。而在這個全盛時期，官方突然毫無預兆地下達了命令，沒有警告、道歉或是任何解釋，母親俱樂部從此消失不見。同樣的野蠻、讓人膽怯的心寒將理查・華格納 (Richard Wagner) [157] 送上了流放之路，也毀了弗里德里希・福祿貝爾的生活和心靈。但這些一度被人鄙視的名字，現在已經成為了這片土地的光榮和驕傲。統治者應該是那些能質疑自己是否絕對可信的人，他們虔誠地相信男人、女人以及兒童。教育要勝於統治。我們都是上帝幼稚園中的孩子。

---

[156]　出自《舊約・申命記》34：7。

[157]　德國作曲家。他是德國歌劇史上一位舉足輕重的人物。承接莫札特 (Mozart)、貝多芬 (Beethoven) 的歌劇傳統，開啟了後浪漫主義歌劇作曲潮流。理查・史特勞斯 (Richard Strauss) 緊隨其後。同時，因為他在政治、宗教方面思想的複雜性，成為歐洲音樂史上最具爭議的人物。

第十章
希帕提亞

新柏拉圖派是一門先進的哲學，它並不期望向那些頭腦有限的人們解釋什麼。生活是一幅慢慢展開的畫卷，我們走得越遠就會領悟越多的真理。理解近在眼前的東西就是為理解我們難以理解的知識做準備。

—— 希帕提亞

希帕提亞的父親叫席恩（Theon of Alexandria），他是亞歷山大城著名的數學家和天文學家。如果沒有被女兒的光環所籠罩，他本可以成為一名被世人尊重的偉人 —— 這讓所有的父親深為警醒。

在那時，天文學和占星術是一門學科，數學的用處不是為了計算國內的工程項目，而是主要用來計算埋在某個星球上的某個靈魂，在未來的某時會出現在哪裡。

我們對希帕提亞的母親一無所知，她每天家務纏身，她的存在只不過是一種假設或是先驗的推理，也就是說，因為有了女兒，所以我們設想了一位母親的存在。

毫無疑問希帕提亞是她父親的女兒。他是她的導師、教師以及玩伴。他傾其所有地教導她，在她二十歲之前，他向她吐露了一個她之前猜測過的事實，那就是他大部分所謂的知識其實都是猜想。

席恩告訴女兒，假裝教授所有真理的宗教體制，其實都非常虛偽且具欺騙性。他解釋說自己所學的天文學和占星術的知識體系完全是他人出於某種目的而建立的。透過學習，她開始漸漸了解到每一種宗教體制都無法帶給她任何新的真理。讓一種宗教凌駕於自身之上，如果不相信它，就要受到社會的排擠，這就是一種欺騙，讓人無法擁有真正的自我。孩子並不需要宗教，他長大之後才會涉入其中，然後他就會喪失獨立思考的權利，因為宗教已經給出了一份準備充分的救贖計畫。大腦和身體一樣需要鍛

鍊，過度的思考和過量的運動都是不可取的。力量來自個人的努力，思考則是天性，如果沒有受到威脅和強迫，一個人將會擁有屬於自己的實用且仁慈的人生哲學。

寄居於借來的宗教之中會導致宗教狂熱。如果放任自由，就沒有人會因為宗教話題而變得瘋狂，因為他的信仰將帶來歡樂、笑聲和愛，而不是悲慘或恐懼。充滿悲哀的宗教是別有用心的神職者設計出來的，他們的目的是統治和劫掠。在一條筆直的大路上有一個道貌岸然的體制，威脅著要人們付帳。他們將搶劫簡化成了體制，最後連劫匪也虔誠地相信了這個體制，他們在被催眠後，深信自己是在為上帝服務。

「所有獨裁的宗教都是荒謬的，尊重自我的人永遠不會接受它們。」席恩對希帕提亞說道，「保留妳思考的權利，即使妳進行了錯誤的思考，也比完全不思考要強。」

席恩祕密地進行演講，開設私人課程，教授宗教最隱蔽的祕密。同樣，他對煉金術和長生不老的祕方也有所涉獵。在閒暇時間裡，他就和女兒一起玩遊戲。

二十一歲時，希帕提亞已經掌握了所謂的雄辯學藝術，或是演講的表達藝術。

大家都知道，在羅馬人心中雄辯學和演講是非常重要的。透過個人的表現來打動別人是一種天賦中的天賦。

在義大利文藝復興之前，這種想法在高雅的圈子中頗受歡迎。印刷術的發明讓寫作變得比演講更加重要。這些思想存活了下來，而其他的則在歲月流逝中留下漸漸變淡的記憶。雕塑和繪畫的復興也讓演講術悄然復活，再次加入高雅藝術的行列之中，它們相互之間有著緊密的連繫。

席恩製造了一個完美的人。不管他是用圖表、定理及配方找到了一個完美的優生學規律，還是只是很幸運，我們都不得而知，他幾乎獲得了成功。希帕提亞二十歲時身高五英尺九英寸[158]，重一百三十五磅[159]。她能一口氣走上十英里，還會游泳、划船、騎馬以及爬山。她的父親發明了一種柔軟體操，這種結合呼吸運動的體操使她的體態變得極其優雅。她的頭部有稜有角，福勒教授[160]曾告訴過我們，如果一個女人能夠思考並以明確的目標來行動，那她的頭就必有稜角。

希帕提亞擁有完美的臉龐、優雅的體態以及無窮的活力。她繼承了父親的事業，進行天文學、數學、占星學以及雄辯術的研究，而他則完成了自己的煉金術計畫。希帕提亞的聲音像長笛般嘹亮，且收放自如，所以從來不會讓人感覺刺耳或是厭倦。席恩知道如何正確地保護鼻子和嗓子，這種知識連我們現代人都很少了解。希帕提亞按照指示練習聲音的停頓、滑音以及溫柔從容的語調，使自己的聲音能討人喜歡，讓人印象深刻。她非常了解暗示的規則，當然在課堂上她也會使用催眠術，且她似乎和現在的我們一樣了解神祕的原動力，但她從未說過它是什麼。

她最重要的思想成果之一就是她認為年輕人思想的可塑性很大，他們易受外界影響，不假思索就全盤接受別人所說的一切。年輕人的想法來自於他們的長輩，而這些想法一旦進入了他們可塑性極大的思想中，就無法被除去。

希帕提亞說道：「在教學中，傳說就是傳說，神話就是神話，而奇蹟就是詩歌式的幻想。將迷信當成真理教授給學生是一件最為可怕的事情。

---

[158]　約合 1.80 公尺。

[159]　約合 61 公斤。

[160]　19 世紀的一名顱骨相學家。

兒童接受並相信它們，而他要在之後的歲月裡經歷巨大的痛苦甚至是災難才能擺脫它們。事實上，和為了存在的真理而戰一樣，人們也會為了迷信而戰。因為迷信是如此難以捉摸，你無法反駁它，但真理是一種觀點，它是可以改變的。」

漸漸地，美貌與智慧並存的希帕提亞開始懷疑她自己掌握的知識到底有多大的價值，因為這些僅僅只是「獲得的知識」，而不是從經驗中逐步推理或確認的東西，這些只是父親向她可塑的頭腦中灌輸的東西。

在思想這列火車上，希帕提亞比她的父親更進了一步，因為他在某些無法解釋的事情上還有一些偏執的信仰，而他也把這些東西全都教給了這顆易受影響的頭腦。席恩是一個遵守教條的自由主義者。一個氣量很小的一神論者和一個寬容大度的天主教徒之間的區別微乎其微。

希帕提亞清楚地看到，知識是從人的直覺中萃取的精髓，經驗會證明這一切。但信仰只是在一個人被壓制或臣服於某人時被強加在其思想上的東西。

這些想法給這個可憐的女孩帶來了很多不快的時光，但這也恰恰證明了她的偉大，只有出眾的人才具有質疑的能力。

也許一百萬年都不會出現一個能夠跳出自己的想法並站在更高處看著它的人，他能看到一切在向前行進。人們的觀念已經變得僵化，他們靠催眠他人來過活，從來沒有意識到年輕時他們曾被別人催眠，並且永遠也無法擺脫催眠。

這就是我們虔誠的朋友所說的話：「在孩子滿十歲時將他帶到我這裡來，你就會讓他擁有未來。」也就是說，他們在這個孩子易受影響時將他帶走，向他的腦海中灌輸擦不掉的想法。如果一個孩子在正統的猶太家庭

裡長大，那麼他就會成為一名固執己見的猶太教徒，和別人連續六個日夜不停不休地爭辨《塔木德》（*Talmud*）。

天主教徒、長老會教徒以及佛教徒都如出一轍。我認識一個阿拉帕霍部落[161]的印第安人，他四歲時就被帶到了美國的麻薩諸塞州。長大後的他不僅有新英格蘭[162]人慣有的偏見，還擁有新英格蘭的口音。他將省下來的錢都捐獻給了傳教士，這樣他們就能讓印第安人「皈依」了。

當希帕提亞的靈魂逐漸被猜疑籠罩時，她覺得自己的想法只不過是父親思想的複製品。於是她開始有預謀地脫離他。她所做的解釋都是白費力氣，但當她藉口說想去旅行，看看外面的世界，認識些博學偉大的人時，她的父親勉強同意了。就這樣，她開始了自己的旅程。他也想與女兒同行，但這是她所不願意的，而他則永遠也無法知道原因。

她在雅典待了幾個月，很快她的青春、美貌以及博學就讓大部分知名人士向她敞開了大門。在羅馬以及義大利許多其他城市也是如此。金錢也許能給人一個走向社會的好通道，但才智總是一顆能夠開門的芝麻。她像一位公主一樣旅行，也受到了王室般的接待，但她並沒有頭銜，也沒有宣揚自己是貴族或是有什麼身分。美貌本身並不是讓人通行的憑證，它只會引起人們的猜疑——除非它和智慧同行。

希帕提亞舉行數學方面的講座，而當時以及現在都很流行的說法就是，女人並沒有學習數學的天分。很有可能希帕提亞在每個城市遇到的偉人起初都對她如此精通數學知識感到十分驚訝，之後就會因此而窘迫。一些男教授在魅力無限的女性的吸引下會完全進入一種催眠狀態，他們極度狂喜地聽著希帕提亞的對數和微積分研究講座，但一個字都沒聽懂。他們

---

[161]　原住北美北普拉特河和阿肯色河，現住懷俄明和奧克拉荷馬的一支印第安人部落。
[162]　美國東北部六州的統稱。

宣稱她就是密涅瓦（Minerva）女神[163]轉世，在別人靠近時她所表現出的冷漠更堅定了他們的猜疑。

我們並不知道希帕提亞花了多長時間來進行她的朝聖之旅 —— 她拜訪了所有居住著偉大哲學家的城市。有些人說她用了一年，有些則說是十年。

也許這個朝聖之旅持續了許多年，但並不是連續進行的。一些哲學家向她提親，甚至還有一兩位王子也這樣做了，這很符合人之常情，所以應該是真的。希帕提亞對這些堅持不懈的追求者溫柔地宣稱，她已嫁給了真理。這真是一套漂亮的說辭，但並不合乎邏輯。事實是，希帕提亞從未遇到過思想能與她般配的男人，否則按理來說，她會投入愛中，而不是拋棄它。

旅行、公共演說以及會見顯赫人物這三項活動的完美結合讓她受益匪淺。充滿活力的思想就是年輕的思想，希帕提亞像詩中所說的那樣永遠年輕貌美。連時間老人都愛上了她，拒絕為她鳴響喪鐘，他帶著自己的沙漏和大鐮刀離她而去。

在某種程度上她也追隨了偉人普羅提諾（Plotinus）[164]，讓自己成為了精通所有宗教的大師。她對哲學了解得太多，不會毫無保留地相信它們。那時亞歷山大港是全世界的智慧中心，那裡的居民稱它為宇宙的中心，它是東西方交融的地方。

希帕提亞和她每週四舉行的講座，則是亞歷山大港最耀眼的智慧之光。

---

[163] 智慧和技術及工藝之神。
[164] 羅馬帝國時代的希臘哲學家，新柏拉圖主義奠基人。生於埃及。其學說融會了畢達哥拉斯和柏拉圖的思想以及東方神祕主義的流溢說，視太一為萬物之源，認為人生的最高境界就是復返太一，與之合一。其思想對中世紀神學及哲學有很大影響。

她將自己的哲學稱為新柏拉圖派哲學，它由柏拉圖的思想昇華而來。這也是為什麼人類喜歡追溯過去，在別人研究的基礎上肯定自我的原因，這是個有趣的問題。解釋摩西、破解《聖經》、建立一所全新的哲學學校來證明柏拉圖的學說是正確的……這種想法十分誘人，但在當時無法被人所理解。

來自雅典、羅馬以及諸海島的朝聖者紛紛前來，拜倒在希帕提亞的腳下。

希帕提亞生於西元 370 年，卒於西元 430 年。她在亞歷山大港造成的影響不亞於艾迪夫人[165] 在波士頓的影響。一些人尊她為神諭之光，而另一些則視她為黑暗使者。強者對她的教導極盡讚美之詞，但無論他們讚美還是批判，現在都無關緊要了。關鍵在於，有些人叱責、輕視或嘲笑那些拒絕承認希帕提亞能力的人。一些博學的教授試圖冷落她，牧師們不動聲色地反對她，有人揚起眉毛問她的名字如何拼寫，還有人一直在問：「她虔誠嗎？」

她就是那個年代的拉爾夫·沃爾多·愛默生，她的哲學觀屬於超驗主義。她主推新思潮，因為新思潮是所有已知思想中最古老的形式，它的特點就是歷史悠久。蘇格拉底是第一個表達新思潮的人，他的靈感來自於畢達哥拉斯。

希帕提亞的志向是重回希臘興盛時期，那時蘇格拉底和柏拉圖並肩穿過雅典的街道，身後跟著一群有史以來最偉大的知識分子。

---

[165] 瑪麗·貝克·艾迪 (Mary Baker Eddy, 1821-1910)，基督教科學派的創始人。她教授所謂的科學思維，認為她的治癒體系將開闢宗教思想和實踐上的新紀元。她在波士頓創立了《基督教科學箴言報》，著作《科學與健康暨解經之鑰》(*Science and Health with Key to the Scriptures*) 是基督教科學信仰的基本文獻。

人們指責希帕提亞將阿斯帕西亞[166]視為偶像，她的目標就是追隨這位伯里克里斯愛人的腳步，這是一個配得上偉大靈魂的志向。不過希帕提亞並沒有找到她的伯里克里斯，她終身未婚，但她應該有過愛的體驗，傳說中的浪漫史裡應該有一些是真實的。

　　希帕提亞的年代距離伯里克里斯和阿斯帕西亞的年代有將近一千年之久，但在想像的世界裡橫跨時空是非常容易的。希帕提亞認為新柏拉圖主義應該超越舊的哲學，因為這個世界是建立在奧古斯都統治的黃金時期基礎上的。

　　希帕提亞的原型人物是普羅提諾。他生於西元 204 年，活到了七十歲。普羅提諾是第一個用「新柏拉圖派哲學」這個片語的人，那麼希帕提亞的哲學則可以被稱為「新新柏拉圖派哲學」。

　　沉迷於一種宗教就會看不到其他的東西。

　　事實上，迷信在於一件事情：信仰一種宗教，排斥其他所有的。

　　只了解一種哲學其實就是對哲學一無所知。它們各有不同，每一種都是整體圓環中的一個組成部分。在某種環境下生活，用某種觀點描述自己看到的東西，再加上自己所想像的東西，就組成了人的生活哲學。如果人受到壓榨、控制和驚嚇，就不會看得很遠，且所看到的都不是舉足輕重的東西。精神上的偏見和短視就是狹隘的世界觀所造成的。所有官方的宗教都教導人們，自我探求是件壞事。哥白尼閣樓房頂上的窺視孔讓他付出了失去自由的代價，但這一切都是值得的。

　　普羅提諾研究所有的哲學和宗教。他遊歷埃及、希臘、亞述[167]以及

---

[166] 伯里克里斯的情婦，以其智慧、機智、美貌而著稱。

[167] 西亞底格里斯河流域的古國。

印度，成為了一名「專家」。他發現牧師非常容易以權謀私，用所謂的奇蹟等欺騙手段來篡改事實。比如只是愛人類這一條並不足以讓他們來推薦一個人，於是他們讓這個人將水變成酒，並在水上行走。普羅提諾在歷史和思想的迷宮中又回到了柏拉圖思想的基點或是起點上，在這其中包含著所有人類能夠理解的真理。普羅提諾相信所有的宗教，但並不愚忠於任何一種。人們都知道亞里斯多德和柏拉圖在詩歌和科學的相對價值上因觀點不同而分道揚鑣──這裡的科學是指系統化的自然事實。普羅提諾表示兩者都是對的，且兩個人都像每個優秀的人那樣誇大了自己的觀點。因為他能看到所有事情好的一面，於是希帕提亞將普羅提諾放在了柏拉圖之前，但她又說道：「如果沒有柏拉圖就不會有普羅提諾。雖然普羅提諾超越了柏拉圖，但很顯然是柏拉圖啟發了普羅提諾以及很多其他的人，他的哲學高度無人能及。向柏拉圖致敬！」

　　希帕提亞的著作都已失傳，她只給我們留下了隻言片語，它們被口口相傳，遺留至今。即使《愛默生文集》（*Essays of Emerson*）全都失傳，他筆下的箴言仍然會經由過去五十年裡那些偉大作家的紙筆流傳下來，莎芙（Sappho）[168] 也是如此，查爾斯·金斯萊（Charles Kingsley）[169] 在他的書中讓這個偉大的女人再次復活。流傳下來的圖片上，她異常美麗，還無比優雅、自信，充滿魅力。

　　她在六十歲時死去，歷史仁慈地將這個時間更改為四十五歲──所有人都將她描繪成一個最為美麗性感的女人。她在朗讀時有一種讓人著迷的魔力，她的聲音圓潤、手勢不多，有感情地停頓，從沒有人能給她一個

---

[168] 古希臘著名的女抒情詩人，一生寫過不少情詩、婚歌、頌神詩、銘辭等。流傳下來的作品大多殘缺不全。

[169] 英國作家及牧師。他創立了基督教社會主義，即將基督教教義和社會主義原理相結合的改良運動。曾寫過一首名為《莎芙》（*Sappho*）的詩歌。

完整的定位、分析以及解釋。人們成群結隊來傾聽希帕提亞的講座——他們來自遙遠的地方，如飢似渴地傾聽，最後帶著一股巨大的熱情和高興的心情離開。讓聽者踏入光芒之中，讓他們的心跳加速，這就是演講術，它並不側重於給出事實，而是在表達一種情感。很明顯希帕提亞做到了這一點，她的主題是新柏拉圖派哲學。「新」意味著「嶄新的」，而所有的新思想都能追溯到柏拉圖，也就是蘇格拉底的代言人那裡。「說出你的想法，你將在柏拉圖那裡找到它。」新柏拉圖派哲學就是新思想，而新思想就是新柏拉圖派哲學。

　　思想分兩種：新思想和二手思想。新思想是由你自己的思想所組成的，而二手思想是被批量提供給你的。新思想的獨特之處在於其年代久遠，它必然要比二手思想久遠。所有真誠的新思想對提出它的人來說都是真理，當它被廢棄或是擁有者強迫其他人接受它時，它就會變成謬論，也就成了二手思想。所有的新思想都是啟示，而二手的啟示都是夾雜著愚蠢和貪婪的謬論。

　　我們經常在他人的啟示下進行思考，但在內心中我們還擁有新思想。這個人、這本書以及這件事都在提醒著我們，這早已是屬於我們自己的思想了。新思想十分簡單，而二手思想則非常晦澀、複雜、零碎、古怪且昂貴，它的目的在於被人接受，而不是被人理解。無人能夠理解的思想才是這類思想中最好的。

　　比如「不可為自己雕刻偶像」這句話就是二手思想。第一個說這句話的人可能知道它的意思，但很顯然它對我們來說毫無意義。不過，我們還是虔誠地重複它並讓我們的孩子背誦它。

　　我們用黏土或蠟做模型，如果可能還會用雕刻來榮譽那些做事的人，

這無可厚非。這條戒律是建立在一條謬論之上的，那就是無論雕刻的偶像是什麼，它都是神。這條戒律沒有給我們帶來任何歡樂，既沒有改變我們的行為，也沒有影響我們的習慣。每個人都知道它是無用的，但我們卻無法將它從我們的宗教體制中除去。它就是典型的二手思想，甚至比二手思想更差，它就是垃圾。

反過來說，「保持言行舉止溫和」就是新思想，因為除了野人之外誰都知道這個道理，也能夠理解並欣賞它。

販賣二手思想的人總是宣稱他們才是真誠的，而其他人都是虛假危險的。

傳播新思想的人則會說：「當它看起來像是你自己的思想時才接受它 —— 全盤接受，或是部分接受，或是全盤否定。不管怎樣，不要只是因為我這樣說了你就相信。」

新思想的建立基於你自己的自然法則之上，它的準則是：「了解你自己。」

二手思想建立在權威之上，它的口號是：「付出並服從。」

新思想從不承諾，人在接受它後會上天堂或是得到永久的祝福。如果你不接受，它也不會用永恆的地獄來威脅你。它能給你的只有永無止境的工作、始終如一的努力以及新的困難，每一次成功都意味著經受住了新的考驗。只有當你按照自然法則來生活時它才會讓你得到滿足。這些法則都是神聖的，因此你自身也是神聖的。就像你讓神聖占據你的身體一樣，新思想允許神的暖流貫通你的全身。

二手思想不會提供任何疏導，它只會引起阻塞、炎症、疾病和崩潰。

新思想會輕輕地、溫柔地、簡單地對待任何事情，即使是思想。它有

著良好的循環，並且旨在追尋如今和以後的健康、幸福以及安康。它從不相信暴力、武力、強迫或怨恨。因為所有這些都會在行為者的身上體現出來。人們相信所有人在不受別人阻撓的情況下，最終都會形成自己的新思想，努力做到最好，實現真善美。

二手思想總是把販賣者的利益放在第一位，而使用者在被征服之後則毫無權益可言。事實上，它最主要的推薦詞應該是：「這是一個很好的監管體制。」

新思想只為使用者考慮。「了解你自己」就是它的宗旨所在。

當新思想的創造者開始販賣自己的產品時，他經常會忘記去實現它，於是很快它就流落到二手思想的販賣者手中。

所有二手思想的供給者都是這樣開始的，急於渴望成功的他們糾集了很多員警。被強迫的祝福根本算不上是好祝福，任何用武力強加於我們頭上的人類體制都是不道德的。新思想是自由的思想，人們或者實現它，或者失去它。它是自由的。

在希帕提亞出生的一百多年前，羅馬的皇帝成為了基督教徒。從君士坦丁大帝（Constantine the Great）投入基督教懷抱的那一刻起，在他統治下的所有人都成為了基督教徒 —— 法令下的基督徒，但內心卻是異教徒，因為人類的天性無法因為一個決議的通過就被改變。從那時起每座異教徒的寺廟都變成了基督教堂，每個異教牧師都成為了基督傳教士。

亞歷山大港由羅馬地方長官管轄。它繼承了羅馬在宗教事務上偉大的包容政策。當然，羅馬擁有自己的國教，但這是為貴族或是那些幫助建立國家的人所建立的宗教。關注普通百姓的想法是十分多餘的 —— 他們可以異想天開。

這個王國在攫取權力時大膽、無恥、殘酷且強制，但人們只要付錢就會安全。現在教堂開始和國教分庭抗禮，試圖和它爭奪掠奪之物。

統治者為了掌控人民，就透過迷信來壓抑他們的思想。這種方法比訴諸武力或是舊時用的表演、養老金以及昂貴的消遣娛樂要更加廉價且有效。當教堂掌控了國家，並想用溫和的基督代替凱撒時，她就必須要重新教導關於基督的學說。於是脅迫和愛首次並排坐在了一起。「離開我，進入那為魔鬼和他的使者所預備的永火裡去。」[170] 這種類似的篇章就是有人為了私利而聰明地塞到《聖經》中去的。幾百年來這種事情一再發生，並被認為是正確且合情合理的事情。這只是更加隱蔽的一種奴役罷了。

亞歷山大港的主教和歐瑞斯特斯（Orestes）提督起了衝突。主教認為，透過心理上的方法來控制人民要比變相的賄賂和暴力更加有效。歐瑞斯特斯已經迷上了希帕提亞，柏拉圖的理想國已經占據了他的思想。

「用對另一個世界進行懲罰的恐懼來束縛思想，這種統治方法等同於使用武力。」希帕提亞在她的一次講座上如此說道。歐瑞斯特斯就坐在聽眾席上，聽到這裡時，他鼓起了掌。消息傳到了主教的耳朵裡，他平靜地宣布歐瑞斯特斯將被逐出教會。

歐瑞斯特斯回話說，他將向國王報告主教是如何濫用職權，威脅說自己能夠將不喜歡的人仍到另一個世界去的。主教和提督都沒法除去對方——他們的權力都來自於國王。歐瑞斯特斯對希帕提亞的教導產生了濃厚的興趣，所以並沒有和主教站在一邊，這在保皇黨眼中就是不忠。

歐瑞斯特斯試圖替自己辯護，他宣稱凱撒當政時一向對所有的哲學學校保持著偉大的寬容。然後他引用了希帕提亞的話，大意是一個凝固、刻

---

[170] 《新約·馬太福音》25：41。王又要向站在左邊的人說：「你們這群被詛咒的人，離開我吧，進入那為魔鬼和他的使者所準備的永火裡去。」

板並固執己見的宗教會讓人的思想停滯不前，遲早會讓整個人類都無法思考。

因此，主教應該還待在他的位置上，不再試圖運用監管部門的權力。事實上，想錯了也比根本不想要好得多。我們透過思考來學習某種東西，人們對主教的威脅信以為真就意味著科學和哲學的消亡。

主教也對此做出了回應，他宣稱希帕提亞正在試圖在希臘異教的基礎上建立她自己的教堂。他還暗示，歐瑞斯特斯和希帕提亞的關係就像馬克·安東尼和克麗奧佩脫拉[171]的關係一樣。他稱她為「托勒密（Claudius Ptolemy）[172]之女」，並含沙射影地表示，如果她能辦得到，她就會在克麗奧佩脫拉曾經驕傲地統治過的亞歷山大港中，再建立一個埃及王國。

這引起越來越多的騷動。希帕提亞的追隨者數量必然不多，他們都是思考者，思考是他們的使命。主教向他的追隨者們承諾了安逸平靜的天堂，他還用地獄的苦難來威脅不信他的人。一邊是承諾，另一邊卻是威脅！難道這不是一個奇蹟嗎？居然有人用自己的真實想法來反對由那些至高無上的權威人士所教導的事情！

希帕提亞也許就活在昨天，她死於暴徒之手的意外也可能發生在波士頓。那個受人尊敬的團體曾將繩索套在一位好人[173]的脖子上，拖著他在街上奔跑，而這條街道本應是自由的神聖之地。

暴徒就是浸滿了油的舊棉花，一個能聚焦的想法就會讓他們一觸即燃，在任何一個紐約村莊中引發熊熊大火，讓城鎮化為廢墟。劫掠的陰影

---

[171]　克麗奧佩脫拉七世（Cleopatra VII），又譯克麗奧佩特拉七世，古埃及托勒密王朝的最後一任法老，也就是後世所熟知的「埃及豔后」。她被認為曾為保護國家免受羅馬帝國吞併而色誘凱撒大帝及他的手下馬克·安東尼（Mark Antony）。

[172]　西元 2 世紀古希臘天文學家、地理學家、數學家，也是地心說的創立者。

[173]　指 William Lloyd Garrison。

籠罩在頭腦簡單的村民頭上。文明只不過是表像而已。當傳道復興引發一場情緒激昂的暴亂，五千人結隊在午夜穿越禁區時，就算是一個強有力的反對聲音又能夠堅持多久呢？

希帕提亞在乘馬車從演講廳回家時被一群宗教暴徒捉住了。她被拖到了附近的一個教堂裡，他們想讓她就範，點點火光變成了火苗，而火苗又變成了熊熊大火。他們從後面撕下了她的衣服，扯掉了她的頭髮，把她的身體打得皮開肉綻。然後他們掩蓋了所有的犯罪痕跡，將罪行推得一乾二淨，沒人能找到凶手。他們用火燒掉了一個小時前還是活生生的人的殘破軀體。太陽出來了，但光線也無法照出那些有罪的人。

歐瑞斯特斯向上級報告了此事，他辭去了工作，逃離了這座城市，並請求羅馬政府對這件事進行調查。如果歐瑞斯特斯運用自己的軍隊來反抗主教，這些軍人們就會對主教群起而攻之。調查因缺乏證據而被一拖再拖，最後主教宣稱希帕提亞已經回到了雅典，那裡沒有暴徒，也沒有悲劇。

主教親自挑選了一名歐瑞斯特斯的繼任者，且這位新的官員十分忠誠。

獨斷的統治體系就是霸權。

宗教霸權肆虐了一千年之久，直到但丁或是義大利文藝復興時代的出現，那個「黑暗時代」才最終過去。

第十一章
聖本篤

如果任何來自遠方的朝聖者，想要寄宿在修道院中，且願意遵循此地的風俗習慣，不會揮霍浪費，干擾修道院的生活；而是對他發現的一切表示滿意，那麼他將會被這裡接受，想要住多久都可以。如果他真的發現或是揭露了任何缺陷，以一種寬容、謙遜的態度合理地指出了它，那麼修道院院長應該慎重地考慮這個人的價值，因為他很可能是上帝派來的信使。但是如果他在做客逗留時有任何饒舌或是頑劣的表現，那麼他不僅無法加入修道院這個團體，還會被誠實地告知他應該離開。如果他不走，那麼兩個結實的修道士就會以上帝的名義向他解釋這件事。

—— 聖本篤

當旅行者穿越義大利南部、西西里島以及古希臘的某些地方時，他會看到破碎的拱門、廢棄的橋梁、一處又一處伸向天空的美麗柱子。所有這些都存在於沙漠或是偏遠的牧場之上，這些白色的里程碑組成了歷史之路，安靜莊重地講述著已經逝去的一個時代，讓人無法忘卻。

西蒙 [174] 當時二十四歲。

那裡視野寬廣、陽光充足且空氣流通 —— 三大好處。但除了這些之外，這個地方也有某些缺點。它只有三平方英尺 [175] 那麼大，西蒙根本就無法躺下。他坐著睡覺，頭枕在膝蓋之間，事實上他的一生幾乎都是用這種姿勢度過的。稍有不慎，他就會從這個危險之地滑落下去，掉到石頭上摔死。

當太陽升起時，他就站起來一小會，伸出雙臂祝福、祈禱。一天中他會伸展三次麻木的四肢，面朝東方進行祈禱。在這些時候，站在附近的人

---

[174]　西蒙‧斯泰萊特 (Simeon Stylites, 390-459)，敘利亞的一位基督教苦行僧，又稱登塔著西蒙。
[175]　約合 0.28 平方公尺，1 平方英尺＝ 0.09290304 平方公尺。

們都能分享他的祈禱，他們將帶著祝福和美好離去。

西蒙是怎麼爬到圓柱上去的？他在一英里外的修道院中的同伴稱，夜間有一股神奇的力量將他帶到了那裡，原來在石屋中熟睡的他卻在柱子上醒了過來。其他修道士稱西蒙向一位美麗的女士表達了敬慕之意，於是狂怒的上帝將他抓到了高處。不過在一個無神論者看來，最可能的就是，他用弓箭向石柱上射了一條繩子，然後順著繩梯輕易地登上了石柱。

不管怎樣，一大早，村落裡簡樸的村民們就能看到石柱上的這個人。他一整天都待在那裡，第二天他還在那裡。

日子一天天地過去了，白天太陽發出炙熱的光，夜晚冷風肆虐。

西蒙還在那裡。

雨季來了，夜晚變得寒冷昏暗，西蒙垂著頭坐在那裡，將他唯一的衣服──一件黑色的長袍蓋在臉上。

又一季過去了，陽光變得溫暖起來，然後又轉為熾熱，沙塵暴肆虐，下面的人幾乎看不到柱子上的那個人。一些人預言他將會被大風吹下來，但清晨的陽光讓他再次顯現，他赤裸著上半身站在那裡，雙手伸向冉冉升起的太陽。

曾有一天，當黑暗降臨，一位修道士拿著籃子來到這裡，籃子裡面是一瓶山羊奶和一小塊麵包。西蒙放下一條繩子，將籃子拉了上去。

西蒙從不開口，因為話語是愚蠢的，對於聖人或罪人的稱謂他從未給予過任何回應。他永遠以一種受人崇敬的姿態生活著。

他痛苦嗎？在起初幾週裡他一定遭受了刻骨銘心的痛苦。在堅硬的石頭表面得不到任何放鬆或休息，這個危險狹小的地方讓肌肉的疼痛無法得到任何緩解。如果他掉了下來，那就是他的靈魂該下地獄了──所有人

都贊同這一點。

但人類的身體和頭腦幾乎能適應任何環境。至少西蒙不用承擔經濟義務，也沒有社會的關懷和侵擾。不被欣賞的人生和沒能實現的期望，這種讓人厭倦的傷心故事從不曾打破他的寧靜世界。他對時間沒有概念，愚蠢的封號和被玷汙的名聲也無法侵占他危險的棲息之地。比日程表晚了十分鐘的人從不會讓他發火，他也從來沒有收到過大批的來信。

西蒙在白天沒有任何活動、也不需要會見任何人或去上班，他所做的只是在早上、中午和晚上進行祈禱。

記憶在他心中封存，傷痛長了老繭，他的心中不存在任何世上的疼痛，附著於石柱變成了一個習慣。語言已被廢棄，食物只是勉強維生的東西，感覺已經消失，乾燥、炙熱的風將人類的組織風乾成了某種叫做聖人的東西 —— 因他的堅毅而心生愛、恭敬及崇拜。

這個石柱曾裝點過異教廟宇的大門，它再次成為了虔誠的朝聖者之地，人們紛紛來到西蒙所在的石柱下面。這樣，在他將黑瘦如柴的雙手伸向東方，在全能的上帝到來時，他們才有可能就在其左右。

西蒙的克己精神吸引了許多人的注意力，附近很多不再是壯觀藝術品的損毀石柱也被虔誠的修道士占據了。他們想顯示基督教要比異教強大。一時之間模仿者無數。那時主教也在集會上問道：「西蒙虔誠嗎？」為了考驗西蒙是否會服從，主教命令他從隱修之處下來。

他的純潔無可置疑，毫無疑問他也是貧窮的，但他會服從於權威嗎？

主教大聲叫喊著發出了這個命令 —— 他必須扔下他的繩索，搭成梯子，然後爬下來。

正當西蒙準備服從時，主教又突發善心地喊道：「我們改變了主意，

現在命令你留在原地！」

西蒙感激崇敬地舉起了雙手，又繼續待在那裡。

於是日子就這樣過去，他三十年如一日地在石柱上如此生活。

他之前的同伴都漸漸老去，他們一個接一個地死去了，修道院的鐘聲為靜靜躺在那裡的他們鳴起了安魂曲。西蒙是否聽到了鐘聲並說「很快就輪到我」了呢？

也許沒有。他的感覺已經消失不見，它們曾是多麼地敏銳啊！年輕的修道士現在會在黃昏時帶來裝著山羊奶和乾麵包的籃子，這些乾麵包還是西蒙登上石柱之時出爐的。「他一直在那裡。」人們如此說道，然後便匆匆經過。

但一天晚上，一位年輕的修道士帶著籃子來到這裡時，上面卻遲遲沒有放下繩子。他等了又等，大聲叫喊，但毫無回應。

當太陽升起時，西蒙仍然坐在那裡，臉埋在膝蓋間，頭上蓋著黑色的長袍，他並沒有起身，伸出手臂祈禱。

一整天他都坐在那裡，一動不動。

人們靜靜地站在石柱下圍觀。就在他們圍觀時，一隻禿鷲在湛藍的天空下緩緩地滑過，在附近不斷盤旋，遠處的地平線上又出現了另一隻、又一隻，牠們盤旋而下，離石柱越來越近。

在人類前進的過程中總有先驅者和保衛者。保衛者會逐漸縮減為一群隨波逐流的人，他們會轉變方向，以擺脫飢餓。先驅和後衛都不屬於主流之列，因此他們被普通民眾所不齒。出於同情，主流人士會為他們提供救護車和「貧民窟工人」，他們的目標是「做好」，但這個「好」通常都是對保衛者及隨從者而言的，那些衝在第一線、冒著埋伏和屠殺風險的人並不在此之列。

第十一章　聖本篤

　　這種對先驅者的蔑視也有它的補償 —— 毫無疑問，只是時間問題。唯一的補償就是來自歷史的榮譽和繆思的青睞。即使他們在世時得到了認可，也會被這個無理又忘恩負義的世界慢慢排擠出去。這是再自然不過的事情，如果還有其他可能，那就是一個奇蹟，因為先驅最大的美德就是，他們的行為已經超出了人類同情心的範疇之外。

　　本篤是文明的偵察員，他領導著當時的先驅隊伍。他發現世界上最為繁盛的一部分已被貪婪和欲望所占據。所謂的宗教團體只不過在助長欺騙、迷信、愚昧、無能以及西蒙·斯泰萊特這樣的禁慾主義 —— 它毫無意義。

　　人們靠經驗來辨別好壞，獲得成長。如果想要明白職務、地位和財富是沒有價值的，那麼你就要先擁有這些東西。本篤於西元 480 年出生在一個富有的羅馬家庭中，他的父母希望他學習法律，這樣他就會在國內擁有一份受人尊重的工作。

　　當十六歲這個關鍵時期到來時，他的勇氣在血氣方剛的青年時期和成年期之中來回搖擺著。本篤切斷了和家庭相連的臍帶，扔掉了他的紫色長袍和優雅的絲綢服飾，突然之間就消失了，只留下了一張確保平安的字條，但這毫無意義，因為上面根本沒有能夠聯繫到他的方式。他去深山中和一位隱士生活在了一起。他一直想要做一些特立獨行、不同尋常的事情，現在他做到了。

　　這件事的起因是在自然衝動驅使下和一個女孩的情事，以及悄悄地在月夜下的會面。他的父親勒令他放棄這個女孩，於是他還以報復作為回應。

　　修道院的生活和自然衝動幾乎是完全相反的。如果遵循天性，那麼用

意志來抵制誘惑或許是一種有益的力量，但天性在修道院士的頭腦中總是邪惡的。塵世的想法都會讓人走向毀滅。這些僧侶的頭腦無法理解透過做好來變好的這個想法。用他們的方法來修練是徒勞的，這只會讓人產生抵抗情緒。東方的僧侶認為成功地抵制誘惑是了不起的成就。

有一天，在山中危險溼滑的岩石上，早已不再歌頌聖母的本篤有了一個想法，如果想讓上帝接受，人就必須做一些確實對人類有益的善事，光是祈禱、膜拜、遊蕩以及受苦是不夠的，還必須減輕辛勞者身上的重負，為他們的生活帶來點點快樂。苦難的確有它的作用，但過多的苦難將會讓人類毀滅。

本篤聽說有一個人曾為此辯論過，他就是聖傑羅姆，許多教士都認為他比異教徒強不了多少。聖傑羅姆是希臘和羅馬文學的學生 —— 這些相關的書籍被稱為「異教書籍」以及「《聖經》的對手」。聖安東尼（Saint Anthony）曾宣布放棄這些文學，並宣稱它們都是異教徒的思想。基督教修道院制度之父聖安東尼認為令人驕縱的智慧是十分邪惡的，頭腦的享樂要比肉體更加狡猾邪惡。

人類的惰性獲得了教堂的贊許，於是蓬頭垢面、破衣爛衫以及懶惰成性成為了神聖的代表。

本篤反對安東尼的觀點。

僧侶精神反對自然衝動，或是繁育的慾望。

當然，自然衝動要比僧侶精神早得多，且毫無疑問它會在對手的墳墓上歡慶勝利。

自然衝動是一種具創造力的天性，它包括所有的計畫、目的、慾望、期待、騷亂、渴求以及野心。一般來說，它就是無法行使的慾望，就是經

常在成功人士的耳朵裡吶喊的聲音:「起身去吧,還不是休息的時候。」它對所有已完成的事情都感到不滿意,這就是我們「高尚的不滿」。它最初的表現是性,最高貴的表現就是男人和女人的愛、兒童之愛、家的概念以及對藝術、音樂和科學的欣賞力 —— 也就是用眼睛看到的愛,這些都是天性的表現。

神祇透過造物創造,而人則是最高級別的造物,但智力獲得了進化的人類卻開始審視他的造物主,並發現這個創造十分糟糕。在所有的動物之中,人類是目前所知唯一會批評自己所處的環境,而不是全盤接受它的生物。我們這樣做是因為從某種程度上來說,在學會掌控智力之前,我們就已經摒棄了直覺。

修道士的本能是向外界尋求幫助。我們期待強大的人前來將我們從災難之中解救出來。所有的民族都有關於民族英雄和救世主的傳說,他們前來解救眾生,之後還會帶著更加偉大的光環或是能力前來,甚至還能讓死人復活。

僧侶精神建立在厭世的思想上,它對愛或是縱慾感到失望,它是一成不變的,簡單地說,就是想要歸隱。

氏族是家族的延展,也就是僧侶精神的起源。團體的概念是修道院制度的變體,但這其中包含了男人和女人。如果這個制度在第一代時沒有崩潰,那麼它通常也會被第二代粉碎,因為自然衝動統治了家族成員,於是他們結婚、繁衍,周而復始。

恩斯特・赫克爾(Ernst Haeckel)[176] 近來表示,一夫一妻制的獨立生活就是一種弱化了的修道院制度。他的觀點似乎是,為了盡可能地繁育高

---

[176] 德國著名的哲學家、醫生、生物學家和藝術家。他是達爾文的擁護者,「生態學」一詞是他首先提出的。

貴的種族，我們必須要擁有一個自由的社會，整個國家都要尊敬母性，並給獨自撫養子女的母親發放養老金。

修道院制度和強制性的一夫一妻制通常都對母親，尤其是單身母親十分輕蔑。為了懲罰上帝將我們造成了低等人種，我們吃最差的東西、在最差的環境中長大。如果說，我們是故意造出最壞的東西的，那我們也沒辦法做得更好了。

很明顯，對單身母親的懲罰完全和僧侶精神相似，都是對自然衝動的反對和厭惡。所以恩斯特·赫克爾提到了叔本華（Arthur Schopenhauer），並宣稱我們必須為父母提供保險，要資助所有的母親，帶著溫柔、聖潔、尊敬之情拜訪她們，這樣我們才能繁育出神聖的種族。

教堂為成功戰勝自然衝動的男女披上了聖人的外衣。愛默生說過：「順應自然，我們會變得強大，反對或無視她的存在會讓我們變得虛弱。」這讓愛默生將自己放在了和教堂敵對的位置上，因為教堂一直都將天性視為誘惑之物，且是通往神聖生活的絆腳石。

現在，僧侶精神的流行是否證明了它自身正朝著天性的方向運動呢？「也許它就錯在太過出格。」少數著名的教士如此認為。據我所知，他們之中最偉大的人就是本篤。在他的努力下，修道院制度成為了行善的一種力量，至少在一段時間內，它曾為社會服務，幫助行進中的人類。

那些鞭笞者、隱士或是帶著鐵項圈的僧侶們，還有在危險的石柱上度過了一生的西蒙·斯泰萊特，都曾讓人類受益，如今沒人對此表示質疑。西蒙只是在努力取悅上帝，他這樣做是為了拯救自己的靈魂。他認為這個世界卑劣且邪惡，為了保持心靈的純淨就必須遠離它。他的堅韌是唯一值得稱讚的事情，但這是一種不健康的堅韌，就像不斷擴散的癌症一般。

　　本篤同意這個世界是邪惡的，但他又表示，我們的職責就是將它變得更好。我們所做的每一件事都是以拯救自我的靈魂為目的，這是十分自私和毫無價值的。他提倡為了拯救自我的靈魂，我們應該將拯救他人視為自己的使命。同樣，如果只想著自己，那麼他就是一個根本不值得拯救的靈魂。如果今生像西蒙想的那樣，是為來世做準備的，那麼他並沒有讓自己去一個我們應該去的世界。任何心智健全的人，無論是聖人還是罪人，都應當想著活下去，都應當成為能自由遵循自然衝動或是僧侶精神的居民，在那裡人人都是聖潔的，這就是聖本篤的想法。

　　思考的人們很好地意識到並定義了一條自然法則：報酬遞減法則，有時也指臨界點法則。

　　有規律運動的人會發現自己的力量與日俱增，於是他開始做更多的運動，直到自己「廢掉」。也就是說，他的肌肉開始疼痛，腿也瘸了。他越過了臨界點，於是收益就開始遞減。

　　在發動火車引擎時你需要燃煤來推動列車。舉例來說，一列時速五十英里的火車，如果加了雙份的煤，頭腦簡單的人或許認為速度也會提高一倍，但鐵路工人懂得更多。雙倍的煤只能使火車以六十英里的速度行進，在此基礎上如果再增加煤量，行進速率就會開始遞減。如果時速要達到八十英里，就只會耗費巨大的能量並產生可怕的風險。

　　另一個例子：你的身體需要一定量的食物 —— 身體是引擎，食物是燃料，生活就是燃燒燃料。你的食物品質越高，數量越大，你的力量就會隨之變大，但如果在臨界點之上繼續增加食量，你就會死亡。以百分之五的利息貸款，你的投資就是合理安全的，以百分之十的利息貸款，你並不會獲得雙倍的回報，相反，會承擔相當大的風險。以百分之二十的利息貸

款，毫無疑問你不會成功，因為以這個利息貸款的人只要能不還錢就不會還。

報酬遞減法則也正是作家奧利弗·溫德爾·霍姆斯（Oliver Wendell Holmes）的想法，他表示：「我喜歡在湯中加點鹽並不意味著我想要泡在海水裡。」

在某種程度上，教堂、傳教士以及宗教教派在當時當地是有益的。教堂是否越過了臨界點是由你自己來決定的。但要記住，事情不應該因為過界或是曾經有益而被永遠銘記。報酬遞減法則是對一種普遍謬論的駁斥，也就是說，就算一件事情是有益的，你也不能攫取太多。

這也是林肯所要表達的法則，他說道：「我反對這種邏輯，不能說我想解放黑人就意味著我想娶一個黑人妻子。」

本篤為此抗爭了五年，之後他豁然開朗，開始明白修道院制度在一定程度上帶來了好的結果，但如果做得過頭則會物極必反。

讓簡樸和禁慾主義達到巔峰但不走下坡路，便是現在他所做的。

他認為遠離社會是必須的，因為羅馬的卑鄙和自私讓人感到噁心，但宗教生活並沒有妨礙他獲得精神上的樂趣。在沒有刮鬍子修面的情況下，用一張山羊皮當衣服的他不敢回家，於是他開始致力於讓體面的人接受自己的行為。他做了一件白色的長袍，沐浴、刮鬍子、剪頭髮、穿上衣服，然後回到了家中。荒野中的生活讓他變得更健康了，他長得又高又壯，用自己證明了宗教隱士並不一定都是頭髮蓬亂、面目可憎的。

他的親人把他視為一個起死回生的人，他們熱烈地歡迎他，無論他走到哪裡都有成群的人跟隨。他開始給他們布道，解釋自己的立場。

一些學生時代的夥伴前來探望他。

於是他向他們解釋了自己的立場，它已經在他的腦海中漸漸成形。當一個人向其他人解釋一些事情時，一切都開始變得明瞭——透過解釋，自己也開始更加明白這件事情。

本篤想要淨化修道院，讓一切變得美好。他希望基督教能夠回歸過去，他那時的基督教只有簡單的禁慾主義，它的大部分教義就是壓抑、克制以及滅絕所有自發的快樂和自然的衝動。

毫無疑問，他受到了嚴厲的批評。當他回到曾住過的岩洞中想要教授一些舊時的夥伴如何讀寫時，他們猛烈地攻擊了他，並宣稱他是偽裝成僧侶的魔鬼，想同時以凡人和僧侶的身分活在世上，希望魚和熊掌兼得。他以一種神授的力量控制了局面，堅持讓這些夥伴和他一起工作，並開墾了一塊農地種植蔬菜和水果，不再靠憐憫或一無所有過活。

他認為無論神聖或世俗，博學或無知，所有人都應當工作，他們的路都很艱難。本篤的夥伴們宣稱，他試圖奴役他們，於是其中的一個人調製了一種毒藥，並將它放了本篤平時喝的茶中。事情敗露後這個人和他的同謀慌忙逃竄，而本篤卻表示，只要他們回來工作，就會原諒並忘記這件事。

本篤堅持自己的新主張，一刻也沒有退縮過。上帝的聲音正在召喚他，他必須開墾布滿荊棘和荒草的土壤。

他曾赤身裸體地在多刺的叢林中輾轉，現在他將這些荊棘砍斷焚燒。他放寬了不眠的限制，規定祈禱者和朝聖者在進食、入睡或是開始工作之前要先做一些簡單的運動。他將一天分成三部分：八小時用來工作、八小時用來學習、另外八小時用來睡覺。然後他從這三部分中分別抽出一個半小時，用於安靜地祈禱和膜拜。他認為祈禱是一項有益的工作，人們即使

雙手拿著斧頭、鐮刀或是鋤頭時也能用嘴唇和心靈祈禱。本篤對自己和他人一視同仁，日常的工作讓他的體格變得十分健壯。從人們對他的描述上來看，他的身材並不高大，但力量卻非常大。有一些關於他的力量的神奇描述，頭腦簡單的追隨者們認為他已不是一個凡人。這告訴我們想描述一個理想化的人應該是怎樣的或者能夠怎樣，並不是一件多麼難的事情。本篤第一座修道院的附近有一個很深的湖，這是尼祿 [177] 在開山引流時所形成的，這個湖的旁邊是一片荒亂的荊棘林和藤樹。本篤開始著手清理從湖到修道院之間的地面，他的修道院位於離山下半英里的山坡上。

有一天一位工人將斧頭扔進了湖中，本篤笑了笑，他開始念起禱文，於是斧頭浮出了水面。這個故事並沒有說本篤潛入了湖底，撈出了斧頭，雖然很有可能他是這麼做的。第二天斧頭的主人掉入了湖中，於是本篤走上水面，將這個人扛在了肩膀上。我們這些相信奇蹟存在的人能看出，本篤是個充滿活力、身手靈巧並且非常強壯的游泳高手，他透過正常簡樸的生活獲得了自然的力量。附近的一些農夫認為他的這些神奇成就是奇蹟誕生的結果。他在計劃、創造以及設計中找到了無窮的樂趣，且對建築和園林也有所涉獵。他使用古羅馬建造廟宇的材料修建基督教堂，在相同的採石場開採石頭，修建修道院。羅馬廢墟對他有著無窮的吸引力，那意味著建築的潛能。他在湖中養魚，然後得到了比《聖經》中的麵包和魚還要多的食物 [178]。不過麵包是本篤用自己種的小麥做的，他供養著前來聽他布

---

[177] 尼祿・克勞狄烏斯・德魯蘇斯・日爾曼尼庫斯 (Nero Claudius Drusus Germanicus)，古羅馬帝國的皇帝，西元 54 年－68 年在位。他是羅馬帝國儒略——克勞狄王朝的最後一任皇帝。後世有關他的史料與創作相當多，但普遍都對他的形象描述不佳，例如他在 20 歲時與母親亂倫。尼祿被認為是古羅馬的暴君之一。

[178] 《新約・馬太福音》14：13-21。天將晚的時候，門徒說：「這是野地，時候已經過了，請叫眾人散開，他們好去村子裡，自己買吃的。」耶穌說：「不用他們去，你們給他們吃吧。」門徒說：「我們這裡只有五個餅、兩條魚。」耶穌說：「拿過來給我。」然後他吩咐眾人坐在草地上，拿著這五個餅、兩條魚，望著天祈禱。他擘開餅，遞給門徒，門徒又遞給眾人。他們都吃，並且全部

道的人群，他講的是自己總結出來的原則 —— 關於工作、節制、頭腦、雙手以及心靈適度的活動原則。

本篤門下有十二名信徒，但之後大批申請蜂擁而來，讓本篤應接不暇。於是他將申請人分成十二人一組的團體，並為每組指派了一名導師。為了表示公正，他只在自己身旁留了十一個人。他知道領導是必不可少的，但他穿的衣服和吃的食物都和其他人相同，他為了執行紀律還制定了嚴格的規定，並要求人們嚴格遵守。本篤也和其他人一樣，輪流等在桌旁，做一些艱苦的工作。

如果不是遵循了科學的生活方法和為人類服務的宗旨，基督教修道院甚至於基督教本身都不會存活至今。他們將宗教的教條參雜在為人類服務的理念之中，迫使人們接受它。時至今日，人們依舊會經常用基督教建立的學校、醫院以及孤兒院來證明《舊約》中的奇蹟。

本篤試圖將無私服務的精神和對經典文學的欣賞能力結合在一起，這顯然會被其他人誤解，有幾次他差一點和羅馬教堂的權威人士發生衝突。

他的布道招來了一些教士的嫉妒，由於他並不是牧師，教宗對他所謂的異教學說也嗤之以鼻。

於是開始有人強迫本篤成為一名牧師，但他用配不上這個位置的藉口拒絕了。事實上，他是不想被教堂的教條所束縛。

從某種意義上來說，他是萬宗之宗，小小的事件就能促成一個反對的教派，路德的新教徒就是一個例子。

深信本篤是教堂敵人的反對者們，有幾次差點就殺死了他。一天，一

吃飽了。他們把剩下的零碎收拾起來，裝滿了十二個籃子。分吃東西的人，除了婦女和孩子，還有約五千人。

些羅馬的虔誠人士慫恿一些放蕩的女人，去本篤修道院外面漂亮的草坪上嬉戲。這麼做的目的有兩個：一是在娼妓的幫助下直接擊垮本篤會，二是製造一些醜聞給拜訪者看，他們會帶著這個糟糕的消息回到羅馬，把這件事情傳播出去。

這個卑鄙的把戲傷透了本篤的心，他又回到了從前的家——那個山上的岩洞之中，他在那裡不吃不喝地待了一個月。

但就在歸隱時，他的腦海中又浮現出了許多新的計畫。他建立了卡西諾山修道院，這個地方位於羅馬和那不勒斯之間，在火車上就可以看到白色經典的建築隱隱浮現。懸崖之上、一片亂草之中，一千多年來一直上演著一幕幕的宗教生活。許多人最後的命運都是死在大火和刀劍之下，但歲月流逝，舊人換新人，廢墟換新顏，修道院的長廊中再一次留下了聖人們虔誠的腳印。這裡曾有過哥德人、倫巴底人[179]、薩拉森人[180]、諾曼人、西班牙人、日耳曼人以及最後來臨的拿破崙·波拿巴（Napoleon Bonaparte），他將這裡據為己有，變成了自己臨時的家。後來，他把這裡賞給了最喜愛的重臣。最後他善心大發，將它歸還給了教堂，於是它又恢復成了本篤修道院。但 1866 年，拜馬志尼（Giuseppe Mazzini）和加里波底（Giuseppe Garibaldi）所賜，修道院在義大利永遠地消失了。[181]這個地方如今是一所學校——一所男女同校的學校。這一次輝煌的衰落是為了引出下一次更加偉大的興盛。

早在本篤所在年代的六百年前，卡西諾山修道院所處的地方是一座阿

---

[179] 日耳曼人的一支，起源於斯堪地那維亞，如今的瑞典南部。經過約 4 個世紀的民族遷徙，倫巴底人最後到達並占據了亞平寧半島（如今義大利）的北部。

[180] 薩拉森（Saracen）的原來意義，系指從今天的敘利亞到沙烏地阿拉伯之間的沙漠游牧民族，他們有統一的語言——阿拉伯語，有統一的文化和風俗習慣，絕大部分人信奉伊斯蘭教。極少數人信仰基督教。

[181] 指戰爭損毀了修道院。

波羅神廟，它下面就是神聖的維納斯之林。

　　本篤所在年代的兩百年前，無堅不摧的哥德人將堅固的阿波羅神廟夷為平地，聖林也成為了野獸之家。

　　現在本篤和他的十一名信徒來到了這個不毛之地，他們帶著虔誠的熱忱，在這片土地上建立起了一間能配得上永生之神的建築。在這裡建築的理念和宗教的夢想得到了結合。如果你想要造一棟建築，為什麼不在早已有雛形和材料的牆上進行呢？

　　本篤卡西諾山修道院可以和它所取代的神廟相媲美。

　　人類是建築動物，同樣的創造力也推動了希臘人以及後來的羅馬人，他們開始計劃、設計並辛勞地進行建築工作，現在它也推動了本篤。他的創造慾望就是偉大的自然衝動的一種方式，這個慾望永世流傳，並在美國建立起了一個比世界上其他的宗教更出色、更高貴的宗教——人道的宗教，一個引人注目的宗教。夜間，這片景色在燈光的照耀下顯得無比輝煌。

　　本篤的箴言是「勞動至上」。這句話被刻在了每座本篤修道院的入口處。

　　修道院的想法起源於東方，在那裡，遊手好閒並不會受到懲罰。事實上，勞動在亞洲是不受歡迎的。道德常為權益所左右，它們和地理位置以及時代息息相關。

　　而真相是：地中海之北的懶惰之風才是問題所在，這和勞動無關。

　　本篤的教規和震教徒[182]不同，因為每座修道院的旁邊都有一座修女

---

[182] 又稱為震教教友會教徒（Shaking Quakers），屬於基督再現信徒聯合會，是貴格會在美國的支派。1774 年由安・李（Ann Lee, 1736-1784）建立，現已基本消亡。

院。男人和女人的接觸雖然十分有限，但也比將他們完全隔絕要強得多。而天主教熙篤會中的特拉普派甚至認為看到女人的臉就是犯罪。

本篤的節儉和勤奮堪比安·李[183]及我們來自黎巴嫩的朋友們——每天工作八小時的人，高智商、從不揮霍浪費，於是也漸漸富有了起來。梭羅[184]是對的，一天工作一小時就能養活自己，但梭羅錯在認為人類工作只是為了獲取食物、衣服和房屋。一天只工作一小時的人會變得遊手好閒。我們工作並不是為了攫取，而是為了成長。

結合了有能力的領導者和宗教觀念的團體總是十分成功的。摩門教、教友會教、新協會、伊科諾邁特團體以及奧奈達人社區都變得富有起來，他們不止累積了比鄰里更多的財富，還比他們過得更加健康、快樂、聰明並且擅長領會。

布魯克農場[185]因為缺乏有商業頭腦的領導者而倒閉，但即使如此，它也為社區的成員們留下了豐厚的精神財富。在家庭生活或是所謂的「社團」中，一直存在著一種敵對的危險，它的起因並不是做好或是為人類服務，而是過多的浪費和閒散。宗教儀式中的「洗腳」這一項早已完全被丟棄，它不僅是一項儀式，也是一種思想。事實上「好社團」的本性是掠奪。在團體生活中，「服務」和「不浪費」就是口號，這是必然的，因為每個團體在一開始的時候都是為了服務而設立的，建立在嫉妒的敵對和欺詐基礎上的統一是不可信的，這些因素會讓一個團體四分五裂。

關於團體的建立和實踐有一條經濟法規，那就是每個成員要付出一

---

[183] 震教的創始者。

[184] 亨利·大衛·梭羅 (Henry David Thoreau)，美國作家、哲學家，著名散文集《湖濱散記》(Walden) 和論文《公民不服從》(Civil Disobedience) 的作者。

[185] 布魯克農場，1841 年在麻薩諸塞州西羅克斯伯里建立的合作公社，全稱為「布魯克農業和教育協會農場」。

切，贏得一切。本篤關於勞動的想法讓每個本篤修道院都變成了財富中心。工作可以終止爭吵、衝突和過度浪費，也能帶來健康和力量。工作的回報並不是讓人脫離辛苦的勞作，而是帶來更多的工作——因為自身能力的日漸提高。

托克維爾[186]給出了成功的祕訣：克制自我，奉獻自我。

也就是說，讓自我能在全心全意地進行無私服務的同時得到滿足，因為人不僅參與了幾乎沒有競爭的社團生活，而且其工作遵守的是神聖的法則，即互動法則，一個人為他人所做的一切善事也相當於為自己而做。

本篤修道院愈來愈富有和強大，這個團體的院長成為了一位大財主。「我發誓安於貧窮，但財富卻滾滾而來，一年有兩萬鎊。我發誓服從，卻發現自己統治著五十個城鎮和村莊。」這些都是華特‧史考特（Walter Scott）爵士[187]透過這位院長之口說出的話，他藉由我所提到的簡單法則而變得富有起來，在他的小說《修道院長》（The Abbot）中，華特爵士描述了一幅悲劇的畫卷，講述了人們能夠贏得權力和財富，也會失去它們的道理。封建制度始於修道院的統治。

本篤是世界上最偉大的企業領導者，和所有偉大的企業家一樣，他透過利用他人的努力獲取了成功。他非常擅長為每個團體挑選修道院院長或是神父，這些人向他學習，而他也從他們身上獲取知識。他最出色的下屬之一是負責管理藏書館的卡西奧多羅斯（Cassiodorus）。「一天學習八個小時是不夠的，」卡西奧多羅斯說道，「我們應該謄抄偉大的文學著作，這樣每間修道院都可以擁有一間像卡西諾山修道院那樣優秀的藏書館了。」他

---

[186]　托克維爾（Alexis de Tocqueville, 1805-1859），法國歷史學家、社會學家。主要代表作有《民主在美國》（*Democracy in America*）第一卷（1835年）和第二卷（1840年）、《舊制度與大革命》（*The Old Regime and the Revolution*）。《民主在美國》使他享譽世界。

[187]　蘇格蘭歷史小說家、詩人。

本人就是個出色的書法家，他教導僧侶們學習如何讀寫。「漂亮的書寫能讓我們的上帝心花怒放。」他如此說道。

本篤非常讚賞這個想法，並立刻就將其投入到了實踐當中。卡西奧多羅斯是每個熱愛自己手藝的書匠的守護神。

藏書館這個系統最初是由卡西奧多羅斯想出來的，本篤指派他從一座修道院去往另一座，告訴那裡的神父，一個來自上帝的聲音對本篤說，必須要謄抄這些寶貴的書籍，並將它們呈現給那些珍視它們的人。

卡西奧多羅斯曾任羅馬狄奧多里克皇帝（Theodoric the Great）的大臣，他還當過兵，一次偶然的機會他來到卡西諾山修道院並受到了本篤的影響。當時他已年逾七十，本篤起初讓他和僕人一起拿著斧頭開墾灌木叢，卡西奧多羅斯服從了命令，很快他就在服從中發現了意想不到的樂趣。他的本名是布雷邦圖斯・瓦魯斯（Brebantus Varus），他宣稱自己要留下來和本篤一起工作，並十分樂意接受卡西奧多羅斯這個名字，這個名字由「凱西紐姆」或是「卡西諾」得來。卡西奧多羅斯活到了九十二歲，是繼本篤之後將藝術之愛引入本篤會的主要人物之一。

卡西諾山修道院附近有一所修女院，由本篤的雙胞胎妹妹思嘉（Saint Scholastica）主管。

勒南稱思嘉和本篤的關係是一種心靈上的連接，而非血緣之親。即使如此，我們也仍舊尊重這種關係。羅馬教宗聖葛利果（Saint Gregory）講述了本篤之死：

本篤正處於個人生涯的最後時期，他在 542 年，也就是去世前一年接見了多迪拉（Totila）皇帝。從下一年的年初起，上帝就已為他最後的奮鬥做好了準備，讓他奉獻出自己所得到過最為溫柔的深情。本篤和他的雙胞

胎妹妹思嘉最後一次美好動人的會面，像一幅長長的畫卷一樣被後人銘記。本篤在妹妹死後三天，從房間的窗戶外看到了妹妹的靈魂變成了一隻潔白的鴿子，升入了天堂，於是他立刻將她的屍體放入了為自己準備好的墳墓中，這樣死亡就不會將那些與上帝融為一體的靈魂分開。

　　妹妹的死表明他也即將離去，他比她多活了四十天，他對一些僧侶以及整個卡西諾山修道院宣布了自己的死訊。他開始高燒不退，在第六天時他讓人們將他抬到了施洗者聖約翰教堂，在這之前他就已經命人將墳墓打開，他的妹妹就睡在裡面。

　　在信徒的攙扶下，他在那裡領取了聖餐，然後走到了祭壇旁敞開的墳墓邊上。他將雙手伸向天空，站在那裡低聲進行了最後一次祈禱，然後就這樣死去了。這樣凱旋的死亡讓他成為了上帝的戰士。人們將他和他心愛的思嘉並肩埋葬，埋葬他們的地方原本是一座阿波羅聖壇，現在則被另一位敬愛的救世主所取代。

　　就在那一年的同一時期，東羅馬帝國皇帝查士丁尼（Justinian I）和狄奧朵拉（Theodora）皇后開始籌備《查士丁尼法典》。本篤生前一直忙於制訂《修道院規章》（*The Monastic Rules*），但最後並沒有將其公布於世，他解釋說它們只是一時的應急之計而已。在這方面他非常謙卑，如果人們能夠卸下社區團體所謂的「神聖」或是「不可冒犯」的光環，然後再讀一讀這些規則，就會看到它們都是建立在良好的經濟學知識以及嚴格的公正之上的。

　　一千年來，人性從未改變過，本篤不得不和惰性、自私、偏執做鬥爭，正如現在試圖引入實用社會主義的人們一樣。這本優秀的《規章之書》中的精髓部分向我們展示了本篤的睿智。他的任務就是，讓邋遢、平

庸、草率以及無法勝任工作的人待在他們該待的地方，不去打擾或摧毀高效率所帶來的寧靜與繁榮。

本篤說道：「書面的正式規章是必需的，因為我們都不是完人，都會有自私和騷亂的時候。如果人們都變得睿智且無私，那麼根本就不需要規章和法律了。」

本篤的《規章之書》有二十多萬字，它廣闊的視角和深刻的見解能吸引所有不得不進行社會主義實踐的人，更不用說那些工會管理人員了。本篤是世界上最勤奮的領導者之一，他的一生開創了新的紀元，他的影響留存至今。

第十二章
瑪麗・貝克・艾迪

基督教科學派的主要基石由如下主張組成：生命是神賜的，它是美好而不是邪惡的；靈魂是無罪的，它並不存在於身體之中；心靈是無形的，也無法將其形體化；生命不應該服從於死亡；真正的教徒沒有生命或死亡的實體感受。

—— 瑪麗・貝克・艾迪

我們就用瑪麗・貝克・艾迪創立了基督教科學教派這個事實來開頭吧，這個女人擁有漫長、美好的一生。

她相當機靈、聰明，智商很高，也善於接受新事物，並善於發現。我們之所以了解這些，是因為她每隔一段時間就會發布一條新主旨，或是修改一條舊的，於是她離事實越來越近。最後一版《科學與健康的解經之鑰》（*Science and Health with Key to the Scriptures*）和第一版簡直就是完全不同的兩本書。

基督教科學教派並不是一個固定成形、一成不變的組織，它也許會變成這種固定組織，但也更可能不斷成長、擴展並前進。生命和成長就是消除死亡的東西，並生成新的系列。無論是商務、藝術、社會、政治還是宗教機構，一旦停止成長，就會走向滅亡。

沒有任何基督教科學教徒逃往世界各地，宣布退出組織並對其進行指責。他們是富足、幸福、樂觀、熱情且成功的一群人。我對所有偉大的宗教都有所了解，在某種程度上我也了解它們成員的智力程度。我認為，沒有任何宗教像基督教科學教派這樣擁有這麼多的高智商成員，他們能力卓越、安全可靠並且神智健全。有一條諺語的大意是：先知只有在自己的國家才會獲得尊敬。

但這條諺語卻不適合放在瑪麗・貝克・艾迪身上。艾迪夫人在漫長的

一生中獲得了康科德[188]、波士頓以及布魯克林的尊敬，她在這些地方建立了自己的家園，這些城市中的許多傑出男女都是基督教科學教派教徒。

基督教科學教的教堂位於康科德，這是艾迪夫人給予教徒的禮物，耗資二十萬美元。入口處的花崗岩上清晰地刻著：「基督教科學教派發起人和創始人瑪麗·貝克·艾迪贈予。」艾迪夫人總是向那些關於基督教科學教派一直以來鮮為人知且教徒數目甚少的爭論發起最直接的挑戰。她在所有文學作品中都不合時宜地宣稱她是「發起人和創始人」。她從不道歉，也不會假裝謙虛。她發表演說時帶著一種威嚴，就像曾經的摩西所說的一樣：「耶和華如此說！」

她從不參加辯論，也不作出任何回應。這種不委曲求全的堅定就是她的祕密力量之一。許多年來她經受住了很多質疑之聲。

艾迪夫人打贏了這場仗，法律和法庭被迫帶著它們的獵犬離去。用自己的方式來受益的自我權利現在得到了認可。醫生們把糖水當藥劑開給病人的做法並不犯法，我們也不會因為基督教科學教派的病人死了就將它告上法庭，因為它並不比醫學博士的所作所為過分。

事實上，艾迪夫人對所謂的醫藥科學及神學都造成了深遠的影響。即使那些急切地想要否定她，或是揚言摒棄她的教義的人，都在從中受益。

順勢療法[189]改良了所有對抗療法[190]的劑量，而基督教科學教派則稀釋了哈內曼理論的稀釋劑量，人們發現單一的藥片通常要比加了其他藥的

---

[188] 新罕布夏州的城市，艾迪夫人的家鄉。
[189] 順勢療法的理論基礎是「同樣的製劑治療同類疾病」，意思是為了治療某種疾病，需要使用一種能夠在健康人中產生相同效果的藥劑。由德國醫生薩繆爾·哈內曼（Samuel Hahnemann）在18世紀創立。
[190] 指現代醫學（西醫）所使用的理論和治療系統。對抗療法針對症狀進行直接對抗治療。如開刀切除腫瘤、注射抗生素和用藥物抑制細菌滋生。

片劑更加有效。基督教科學教派不大聲怒吼，也不會公然反抗或進行布道。它十分沉著、安靜且明確，而那些受鞭笞者，比如苦修僧，很顯然並不在他們的行列之中。

傳道士比利・桑岱（Billy Sunday）[191] 並不是基督教科學教徒，一個基督教徒從不切碎葡萄、天天玩球、將精力用在紙牌遊戲上、埋下醜聞的種子或是加入憤恨的叫囂中，他也從不唇槍舌戰，挑戰他人。他在工作中勤勤懇懇、滿懷熱忱，隨遇而安、保持樂觀。

瑪麗・貝克・艾迪過著人類的生活，她透過自己五花八門的經歷得出了這個結論：她是一個非常偉大睿智的女人，擁有自己的顧問、拒絕接待訪問者、不打電話、不過禮拜二也不寫信，甚至在回到自己家鄉時連教堂都不去。艾迪夫人的腳步十分輕盈，身材挺拔。她是個苗條、瀟灑，像女王一般的女人。1910 年，九十多歲的她過世時，看上去連六十歲都不到。她的臉顯示出了她的經歷，卻沒有吐露她的年齡。就在她去世前幾年我見到了她，她穿著一襲白綢衣，看上去就像是一個要去參加舞會的女孩。

她的眼睛並沒有黯淡，臉也沒有皺成一團。

她的帽子是女帽設計師夢想做出的帽子，她的手套長直肘部，非常得體。她簡直就是一個活生生的貝恩哈特 [192]。她的祕書站在馬車門旁，頭上光禿禿的，他並沒有伸手協助她進入馬車。他知道自己的任務 —— 成為一個冷靜、沉默、強壯、黝黑，像農夫一樣的男人，他能看到一切，也能什麼都看不到。

---

[191] 美國福音傳道者。作為一名熱情洋溢的傳道士，他在 20 世紀初期贏得了數量巨大的追隨者。據說還使三十萬人歸信。桑岱傳道的是基要主義神學，這種神學理論反對宗教、科學、政治和教育中的進步思想。他是禁酒令的強烈支持者。

[192] 莎拉・貝恩哈特（Sarah Bernhardt, 1844-1923），法國女演員。被認為是那個時代的浪漫和悲劇演員，因其在《費德拉》（*Phèdre*）（1874 年）中的表現而首獲聲望。

他關上了馬車門，坐在副駕駛的位置上，馬車夫並沒有著裝，這兩個人看起來像是兄弟一般。棕色的高大馬匹緩慢地開始前進，牠們沒戴馬眼罩，也沒有馬韁 —— 牠們也已戰勝了恐懼。馬車夫放鬆韁繩，慢慢地走著。第二天我等在康科德，想要再見艾迪夫人一次。兩點十五分整，棕色的高大馬匹緩慢地駛入了主街，車廂擦到了邊石，自動停了下來。人們站在街道的轉角處，還有一些朝聖者向她脫帽致敬。

艾迪夫人坐在馬車後部，戴著白手套的雙手握著一大束蘋果花枝，她的臉上浮現出一種滿意的微笑 —— 那是和教宗良十三世（Pope Leo XIII）相同的笑容。這個女人是一位真正的女皇，她的一些支持者們叫她「世界的女王」，這也不無道理。

毫無疑問，一些人向她祈禱。她一生結過三次婚。第一次她嫁給了喬治‧葛洛佛（George Glover）上校，他是一位優秀可敬的人，也是她唯一的孩子 —— 一個男孩的父親。葛洛佛死後，這個孩子被他的母親藏了起來，直到三十四歲時，已經建立了家庭的他才再次見到生母。

她的第二任丈夫叫丹尼爾‧派特森（Daniel Patterson），他不僅是個流氓，還是個蠢蛋 —— 一個俗氣的傢伙，他將目光瞄準了一個寂寞孤單的年輕寡婦，而顯然她沒有做出正確的判斷。不到兩年，妻子就在麻薩諸塞州的塞勒姆提出了離婚，理由是虐待和遺棄。她的第三次冒險婚姻是和阿薩‧艾迪（Asa Eddy）醫生的結合，他是一名內科醫生 —— 一位值得尊敬的聰明人。從他那裡，艾迪夫人了解到醫藥科學歸根結底根本算不上是一門科學。艾迪夫人曾說過，丈夫是她的第一個信仰。毫無疑問，艾迪醫生放棄了自己的事業，全力協助妻子將疾病的非現實性展露在世人面前。顯然他並沒有完全掌握這個想法，因為他得了肺炎，且因此而死去。但這並沒有動搖艾迪夫人的信仰，她堅持認為，疾病是凡人思想有錯的一種表

現。許多年來，艾迪夫人一直思念著自己曾經的兩任好丈夫，他們的名字被串在了一起，這就是瑪麗‧貝克‧葛洛佛‧艾迪的來由。許多女人都將丈夫的名字加在了自己的名字當中，但從沒有任何女人能夠讓兩個男人享此殊榮，將他們的名字並列在一起！結婚是一個壞習慣，艾迪夫人一定很想這麼說，但人得先結了婚才能發現這個道理。

1879 年，艾迪夫人在波士頓建立了首個基督教科學教徒的教堂，並任教堂牧師。1881 年，六十歲的她在波士頓建立了麻薩諸塞州形而上學學院。十五年來她一直在大眾面前發表演講，宣稱健康是我們處於正常狀態的證明。從四十五歲到六十歲期間，她一直樂於做一些有償的演講，不過我相信在那時她就已經擯棄了舊時牧師進行募捐活動的想法。形而上學學院也開始準備教授艾迪夫人的學說。

這個女人的工作能力表現得淋漓盡致，她擅長組織，不允許任何沒有做好充分準備的人授課。這些學生都付了高昂的學費，所以他們十分珍惜這些課程，之後他們也開始輪流授課。所有的學生都要付一百美元的學費，後來這筆費用減少到了五十美元。救贖靈魂或許是免費的，但學習基督教科學教派是要花錢的。那種穿著長長的黑風衣，立起領子、戴著高帽子的神學人物並不屬於這裡。

艾迪夫人建立了世界上最有條理的機構之一，只有羅馬的天主教講堂和標準石油公司可以與之媲美。沒人知道《科學與健康》賣了多少冊，且有百分之多少的學費進了艾迪夫人的口袋，只有阿姆斯壯審查委員會才能查清楚這些，但這是她自己的事業，與他人無關。

毫無疑問，艾迪夫人有一些非常有能力的幫手，關鍵是，這些人是她選出來的，她統領著他們。付了五十美金的學生沒有白花他們的錢，我對

此毫不懷疑。這並不是因為他們學會了課程，而是因為他們獲得了勇氣，且團體所帶來的快樂遍布他們的身體和心靈，讓他們健康無比。課程對他們來說可能只是一些混亂的話語，但他們相信自己很快就能明白其中的道理。

同時，他們所了解的一切就是自己曾經是瘸的，現在能走了。即使最為偏執頑固的人現在都承認基督教科學教派的治療是有效的。覺得自己有麻煩的人就會被麻煩找上門，疼痛也是如此。想像力是世界上唯一足以讓人確信的東西。艾迪夫人的學說消滅了疼痛，同樣也消滅了貧窮，因為至少在美國來說，貧窮就是一種疾病。艾迪夫人的主要特點包括：首先，對美的喜愛在形體、穿著上表露無遺。第二，她對自己所從事的特殊事業有著極大的熱忱。第三，她的高貴、勇氣、自負以及自重都源自於她對自己神性的深信不疑。第四，節省時間、金錢、原料、能量以及感情，從不浪費，卻也不斷地累積和儲存。第五，在適當的時候慷慨大方，但這是只對於那些同樣節儉的人而言的。第六，有著北方人的機靈，十分聰敏，還帶有一種神祕感，對肉體的科學性漠不關心。

換言之，基督教科學教派就是一個女人的科學 —— 她深知這一點！

它之所以好就是因為它好 —— 這對任何人來說都足夠科學了。基督教科學教派是科學的，但卻並不是像它的發起人所宣稱的那樣。男性的基督教科學教派教徒從不咆哮，女性的基督教派教徒從不無休止地抱怨。

基督教科學教派教徒既不發牢騷也不愛管別人的閒事。他們之中不存在怨婦、脾氣壞的人或是乞丐，他們尊重所有其他教派，虔誠地相信所有人都會看到希望之光，也就是說，如果接受他們的學說的話。最激進的老式學校的博士都無法否認，艾迪夫人的生活完全是按照最科學的方式進行

223

的。她從不接聽電話、也不激動或是發怒。

她僱用了大塊頭的保衛人員，付給他們高額薪酬。她的馬車夫一個月的薪酬是五十美元，廚師以及給予她寧靜的保衛人員也獲得了相當高的報酬。她和鳥兒一同入睡，在破曉時分起床。七點鐘時她已經坐在桌旁，開始口授回信，並且都是極少數她的祕書認為有必要查看的信件。她在九點鐘吃早餐 —— 想吃什麼就吃什麼，並且細嚼慢嚥。早餐後她會寫作，然後出去騎馬。

四點是進餐時間 —— 她的習慣是一天兩頓，不過如果她想小小地奢侈一下，那麼也不介意一天吃三餐。

她知道自己的馬匹、母牛以及綿羊的名字，並給予牠們精心的照料，把這些不會說話的動物當作人類看待。她不怎麼在意狗，如果說她討厭哪種動物的話，那就是貓了。她稱自己的僕人為「我的助手」。基督教科學教派教徒支持性別平等，當女孩出生時他們會感謝上帝，對他們來說一切都是美好的。他們沒有有償的牧師，也不相信牧師或是某種人會比其他人離上帝更近。所有人都有可能得知永恆的真理，所以並不需要牧師，完全可以取消宗教的中間人 —— 他們自己的教堂就是這麼做的。她從不進入教堂，至少一年也去不了一次，如果去也只是為了對設計師表示敬意而已。建立教堂！有必要嗎？艾迪夫人認為對自己來說，沒有必要。

但她表示，其他人是需要教堂的，教堂對那些需要它的人來說是十分必要的。艾迪夫人是世界上，或者說是世界上曾出現過最為成功的作家。從沒有任何作家能賺到和她一樣多的錢，也沒有任何作家的作品能被如此虔誠地拜讀。

身家值二十五萬美元的莎士比亞顯然不是她的對手，年薪只有七萬

五千美元的亞瑟‧布里斯班（Arthur Brisbane）[193] 和這個富有的女人比起來簡直就是個打雜的，她一年資助修路的錢就有五萬美元。

艾迪夫人的書中並沒有記錄基督教科學教派頗有價值的真相和與眾不同的特點，但這些都在她的生活中顯現了出來。她作為女人要比作家更為出名，愛默生宣稱每個偉大的機構都是某個人的投影，每個偉大的企業都有一個靈魂，一個人的精神賦予了一個整體以活力並影響著這個整體。你可以進入任何一家旅館或是商店，看看吧！每個地方都彰顯著店主或經理的特點和個性。

你並不需見到這個人，機構越大，這個人就越沒有必要現身。他的工作就代表了他自己，就像農夫的牲畜都用哞哞、嘶嘶和尖尖的叫聲來表達他的德行一樣。十歲時我透過所有鄰居們的馬匹了解了他們，酒鬼的馬總是餓得皮包骨，瑟瑟發抖地站在鎮中的小酒館外面，難道牠們不是在告知大家，牠們的主人是既貧窮又卑微的嗎？

在火車的車廂中穿行一圈，你可以很輕鬆地發現一般旅客的特點。約翰‧衛斯理（John Wesley）的精神貫穿美，以美教會造就了它；路德的精神仍然在路德教中流傳，喀爾文教派也是如此；約翰‧諾克斯（John Knox）[194] 的精神仍在高舉清教徒的大旗中繼續前進。每一種教派都帶有幾分創始人的特點，如果這個教派和另外的某個教派融合在了一起，那麼就喪失了它本身的特點，基督教就是如此。保羅一開始建立了基督教，最後羅馬皇帝君士坦丁將異教的學說融入了其中。

基督教科學教派顯然是瑪麗‧貝克‧艾迪的投影。她親自教出來的學生現在還在教別人，而她的生活和性格對他們每個人都產生了深刻的影

---

[193] 二十世紀美國最著名的報紙編輯。
[194] 著名宗教改革家，蘇格蘭、英格蘭清教主義的創始人。他同樣也算是美國清教主義的創始者。

響，他們都要依靠艾迪夫人的想法來生活。「艾迪夫人會怎麼做？」艾迪夫人關於著裝、家務、事業、食物、健康、僕人管理以及照顧孩子的想法……所有的一切融合在一起就組成了一個基督教科學教徒。

艾迪夫人的條理性、勤奮、節儉、堅忍、勇敢、樂觀、樂於助人、整潔的著裝以及微笑，讓所有的基督教科學教派教徒也幾乎如出一轍。她不玩牌，也不沉浸在所謂好社會的五花八門的愚蠢行為之中，他們也是如此。的確，許多優秀的人們反對基督教科學教派所特有的那種「石膏般的笑容」，這是艾迪夫人留給學生們的最直接的遺產。《科學與健康》對此隻字未提，也沒有任何規定推薦過這個笑容，但所有優秀的基督教科學教徒都採用了它──那種拒絕離開的笑容，對某些人來說這種笑容無疑是很有吸引力的。艾迪夫人的特立獨行、沉默以及微笑的個性指引著數十萬名愛戴並尊敬她的人們。

艾迪夫人是一個難得的好傾聽者，她從不爭辨。事實上她對自己曾加入過唇槍舌戰感到十分內疚。但歲月的累積讓她的智慧與日俱增，她對急躁唯一的回答就是安靜地微笑。她的桌上總是擺滿了足夠的食物，但她吃任何東西都不過量。她對於服務非常講究，所有有關服務的用品現在都可以在基督教科學教徒家中見到。一個優秀的基督教科學教徒的浴室和藏書室一樣，都是家務管理的典範。裡面的東西樣樣俱全，全部擺放得井井有條，就像在等待檢閱一樣。

艾迪夫人對熱水、香皂以及潔淨的毛巾所提甚少，但管事實是怎樣的，對於每個基督教科學教徒而言，徹底的身體清潔、潔淨的亞麻布以及新鮮的空氣不僅能讓自己更加敬神，還能讓自己也沾有神性。終其一生，你永遠都無法掌握《科學與健康的解經之鑰》，就像你無法從《聖經》中提煉出《威斯敏斯特要理問答》（*Westminster Catechism*）一樣。

這個偉大的女人為如何正確地生活留下了極其重要的真理，但她自己可能沒有意識到這一點，在著述傳教之前她就是如此生活的。她的書就是對自己生活的解讀，當她的生活逐漸獲得改善，變得更加精緻時，她改寫了自己的著作。她的著作反應了自己的生活，從《科學與健康》中獲益最多的人，就是瑪麗・貝克・艾迪自己。

　　《科學與健康》將人類變得更加美麗神祕，但作者卻經常背離主題。比如說，她試圖證明動物磁性學說、唯心論、心理學、神智論[195]、不可知論、泛神論以及無神論都是邪惡的事物，和科學中的「真實存在」相背離。

　　這種說法的前提條件是，動物磁性學說、無神論、神智論以及不可知論都是特定存在的實體或是事物，但實際上它們只是被隨意貼在酒桶上的標籤而已，而桶裡的東西可能是海水，也可能是酒，不管是什麼，人類和神都無法真正了解裡面的東西。像安妮・貝森（Annie Besant）這樣的神智論者、像阿佛烈・羅素・華萊士（Alfred Russel Wallace）這樣的唯心論者以及像赫胥黎（Aldous Huxley）和英格索爾這樣的不可知論者，都是非常高貴的人，他們也是好鄰人和好市民。

　　《科學與健康》試圖用詞語描述出一種積極、誠實、健康、求索、無休止的真實生活，但這個目的並沒有達成。

　　我們的行為是正確的，但起因卻很少也是正確的。

　　基督教科學教派作為一種生活方式，表現出了偉大但簡單的優點，它是美好的。《科學與健康的解經之鑰》並沒有解釋《聖經》，這本書在解釋並體現真理方面的嘗試沒有成功。它引經據典，耗費了巨大的人力物力，

---

[195]　一種認為用直覺或默示就可以與神鬼溝通的學術。

並給出了這個十分高調誇張的標題——「由聖徒撰寫」。

　　所有的出版商對啟發性的作品都十分熟悉，這些作品總是有一個共同之處，那就是難懂。好的文學總是通俗易懂的，事實上，這就是它們的標誌性特點。我們能夠理解這些人的意思。無能的作者只會翻來覆去的用相同的文字表達不同的意思。阿佛烈‧亨利‧路易斯（Alfred Henry Lewis）和威廉‧馬里恩‧里迪（William Marion Reedy）[196] 的作品中的語言都通俗易懂。你可以判斷他們的推論是否正確，自己來決定他們是否能夠吸引你。

　　但你無法判斷《科學與健康》這本書，因為它所使用的語言並不通俗。它是用基督的語言撰寫的，祂是一個神明、一個人、一個主旨、一條準則以及「真理」本身，祂生於單親家庭或是無父無母，祂曾活過並死去，或從未活過、未曾出生過，也無法死去。

　　形而上學是一種試圖理解事物的方式，用這種方法可以免去費力理解的麻煩。你將負擔丟給另外一個傢伙，讓他相信因為自己太笨而無法理解，那不公平！

　　語言只是人們之間的一種約定，某種聲音或是某個符號代表著某種思想或某個東西。優秀的作者用一種笨方法將聰明的文字串到了一起，因此讀者們就有機會閱讀任何一本適合自己的書。形而上學莫名其妙的文字就是用消亡的語言給人們讀那些書所殘留下來的餘燼。醫生們還在用拉丁語給病人開處方。

　　我曾經在一家工作室工作過，那裡的男孩都在身旁的一塊黑板上擦拭他們的調色刀。一天，我們將這塊黑板拿到外面裱上了框，用一個很

---

[196]　著名編輯。

大的深色盒子裝著，放在了工作室的最佳位置，並在上面標注：「海上日落 —— 黑白印象畫。」

這幅作品吸引了眾人的注意，並得到了某些象徵主義者極高的評價。它引起了眾多辯論，為了保持和睦，我們不得不把它摘了下來。

上帝創造了《聖經》，但這部作品非常糟糕，在兩千多年後人們甚至有必要找出一個人為這些文字造一把「鑰匙」，這種想法根本不值得引起我們的關注。如果英明、全能、博愛的上帝是作者，那麼為什麼祂的作品寫得這麼爛，甚至還需要「鑰匙」呢？

人類也許會使用需要「鑰匙」的密碼，因為他們不想讓其他人知道自己的祕密，真相大白或許會讓他們受到懲罰。但為什麼神會用一種祕密的語言書寫，然後再等上兩千年來讓一個波士頓的單身女子來揭開真相呢？這簡直讓人難以理解。全世界現在想要的是《科學與健康》的鑰匙，我們在閱讀時想問的問題並不是：「它優秀嗎？」而是：「它是真的嗎？」

艾迪夫人旗下的成員幾乎都是正統的基督教徒，在《科學與健康》袖珍版的第 680 頁上，記載了一位律師的證詞，他宣稱自己受益於基督教科學教派，並解釋說他一直是聖公會教堂的成員，他很開心地得知自己並不需要放棄任何之前的信仰，只要把舊的加入新的之中就好。

這也在很大程度上解釋了基督教科學教派如此受歡迎的原因。人們從出生起就開始信仰並依賴某種宗教，艾迪夫人不招收相信神智論、唯心論、不可知論、上帝第一位論、普救說或是無神論的成員。你不能給一個自由思想者一本書並告訴他，他必須要在裡面發現什麼，因為他早已養成了獨立思考的習慣。

艾迪夫人不相信達爾文、史賓賽或赫克爾。她引用摩西、耶穌和保

羅的箴言來反駁演化論，她微笑著坐在那裡，完全沒有意識到《聖經》中的引文對自由的思想來說是蒼白無力的。她摒棄了所有《聖經》中她想要摒棄的部分，耶和華的殘忍對她來說毫無意義，她的「鑰匙」並沒有揭開《申命記》和《利未記》（Leviticus）的祕密，也沒有遮住永世懲罰、替代贖罪、或是拯救的洗禮所放射出的光芒。

解釋神或凡人的思想、引用凡人思想特定的錯誤並宣稱它並不存在，這種書籍並不能稱作是啟蒙文學，它僅僅算得上「有創造力」而已。艾迪夫人十分聰明地沒有讓她的「讀者」或追隨者來詮釋或是解釋她的作品，這些作品只是用來朗讀的，這樣淚眼朦朧、謙恭順從的聽者們才能重新充滿活力地回去工作，不會受到任何影響，這些力量強大的迷霧和精神的虛無只是帶給了他們撫慰的平靜。

所有思想中關於寧靜和慰藉的部分都是有益的，基督教科學教派的相關內容是那些能夠負重的東西，而不是《科學與健康》。《科學與健康》是用來賣的，它並不是用來理解的，它的存在只為了讓人們買它並完全相信其中的內容。如果你懷疑書中的任何部分，就表示你的凡人思想在作祟，你的腦子出了問題。優秀的基督教科學教派從不試圖理解《科學與健康》，他們只是全盤接受並相信它。「它十分優秀，」他們說道，「所以它肯定是真實的，當你有足夠的能力去了解的時候你自然會了解的。」

於是我們看到了我們的老朋友──思想暴政又以另一種方式回來了，它沒有披著頭巾和斗篷，而是披上了女人的華服，戴上了耀眼奪目的珠寶。有一件事和健康一樣重要，那就是智識品格。「《科學與健康》十分優秀，看看老詹森夫人是如何治好風溼病的吧！」這種話完全沒有邏輯，也沒有道理。

這也給了嘲笑者趁虛而入的機會，他們辯解說這只是一個女人的邏輯。類似的邏輯還有：「耶穌一定是上帝唯一的孩子，一個處女生下了祂，如果你不相信，那麼就看看基督教建立的醫院、孤兒院以及老人之家吧！」詹森夫人的確治好了風溼病，但這並不能證明艾迪夫人所宣稱的亞當用肋骨做成了夏娃；無性生殖是一種存在的天性；沒有必要一直翻動土壤；在這些身體中的生命不會消亡；不在你身邊的人能透過惡毒的動物磁性來荼毒你的健康和幸福；或是高尚的人能夠隔空為你治病，治好你的消化不良。

我贊同艾迪夫人消滅醫學崇拜的觀點，但我不贊同她虔誠地保留宗教崇拜。二十年前我拜讀過《科學與健康的解經之鑰》和《聖經》，而且，我還和非常睿智的基督教科學教徒一起在一棟房子中生活了數個月。

經過深思熟慮後，我得出了這樣一個結論：《聖經》以及《科學與健康》都是由大量的人類錯誤思想所組成的。我和艾迪夫人一樣，都認為自己的直覺是非常有價值的。

我們都認為自己有著純潔、不容玷汙的良知，作為一個不可知論者，我反對別人將自己歸為盲目、頑固、任性、惡毒以及退化的人。

我們應當向造物主致意，他將所有我們看起來是真實的事情四分五裂，讓任何無論活著還是死去的人都無法主宰我們的思想，讓我們不要再假裝能夠擺脫自身的疾病。在健康方面，我有著所有基督教科學教派所給出過或能給出的健康。我沒有相關的康復證詞，因為我從未感到不適。我知道自己為什麼這麼健康，因為我從不故弄玄虛。健康是一件非常簡單的事情，根本不存在什麼奇蹟。

我在保持健康方面的知識也沒有什麼新意，所有學習並了解自然法則

的人都會受到啟發，畢竟健康和習慣是息息相關的。

在波士頓「總教堂」的閱讀桌上，擺著保羅和艾迪夫人的引言，擺在這位女閱讀者桌後的保羅的引言，並不是那句「讓女人在教堂裡保持沉默」。

艾迪夫人認為，《聖經》句句箴言，絕無錯誤。但當引用保羅的話時，她挑出了自己想要的東西，略過了所有跟自己的理論相悖的句子。就個人來說，我很喜歡這種做法，我自己也是如此，但是我並不相信《聖經》是由英明的神創造的。據我所知，所有的書籍都是由人類撰寫的，並且經常錯漏百出。艾迪夫人的「鑰匙」無法解開任何謎團，並且她只是試圖解釋一些和自己的信仰有關的篇章，對於其他的則不予理會。也就是說，艾迪夫人首先相信了一些事情，然後再去試圖尋找證據，這是老把戲了。莎士比亞曾說過：「宗教之中有一些極大的錯誤，但是緊皺眉頭的人會祝福它，並用一些文字來證明它，他們一定要用一些美好的裝飾來掩蓋它的粗劣。」閱讀《科學與健康》的人就不要指望能找到關於生命及其職責的簡單易懂的陳述了，那裡根本就沒有這些東西。

我在這裡加上了一些引文，在提到頁數時我指的是「袖珍版」或1906年的「牛津版」。我在《科學與健康》第183頁上讀到：「《聖經》告訴我們，罪惡或錯誤會將人類流放到那片土地之上，而對上帝的服從則會使人免受其苦。」

很顯然，艾迪夫人認為，工作是一種懲罰，而終有一天，上帝會讓人類不用再耕地或是開墾花園。一個心智健全的人會對這種缺乏邏輯的語言作答嗎？

在147頁上寫著：「如果這本書中有一條論述是真實的，那麼每一條

都必定是真實的，因為每一條都不會脫離它的系統和規則，親愛的讀者，你可以向自己證明治療的科學，由此來確定作者是否正確地詮釋了《聖經》。」

很顯然，這句話是受了保羅的一句遁辭的啟發：「如果死去的人沒有從墳墓之中站起來，那我們的宗教就是無用的。」林肯曾就這種推理方式發表過意見：「我反對那種只是因為我為了解放而戰鬥，就認為我想給兒子娶個黑人妻子的臆斷。」艾迪夫人也許會治癒你的疾病，但那並不意味著她對《聖經》所做出的詮釋就是正確的。一件事情的發生並不一定要伴隨著另一件事。且在一件事情發生之前的事情，也並不一定就是這件事的起因。第553頁上寫著這樣的話：「上帝在夏娃之前創造亞當，因此並不是母親的卵細胞賦予了亞當生命。夏娃是用亞當的肋骨做的，並不是由胎兒長成的。」

在閱讀《科學與健康》這本書中類似的篇章時，我們不要過於苛刻，只要記著所有正統的牧師和教堂成員居然會公然信仰這種愚蠢的迷信和老一套的傳說就行了。你可以相信亞當的墮落以及代受懲罰的說法，同時還能賺錢並保持健康。

第102頁上面寫道：「動物磁性說的溫和面正在逐漸消失，它的攻擊性逐漸顯現出來。隱隱浮現的罪行隱藏在人類思想的黑暗深處，每時每刻都在編織著愈加複雜、狡猾的罪惡之網。它的祕密方法就是讓歲月將人變得懶惰，然後再製造一種對罪惡想法的視若無睹。」

這段話揭示了基督教科學教派中所存在的一種危險的謬論：思想能編織一張可以作用於其他人身上的網。人們因此才相信巫術，且它也解釋了

塞勒姆的絞刑行為 [197]。在第 103 頁上我看到了這樣一段話：「在基督教科學教派中，動物磁性學或催眠術就代表著錯誤，或俗人的思想。」

「認為思維是有形的想法是錯誤的，善惡都是如此。惡和善一樣真實，且比善更加強大。這種信仰非善非真，不是無知就是惡意的。充滿惡意的動物磁性學說在道德上是極度愚蠢的，神的真理能給養人類、消除神話、洗滌凡夫俗子的頭腦，它們不堪一擊，俗不可耐卻又驕傲自大，就像愚蠢的飛蛾，揮動翅膀撲向灰飛煙滅之中。事實上並不存在凡人的思想，因此也不存在轉變凡人思想和能力一說。」第 502 頁寫到：「在精神層面上，《創世記》是想像出的不真實的上帝的歷史，它創造了一個有罪的凡人。正確的思考為人類的精神存在而服務，正如《創世記》第一章裡所說的那樣，人類思想的雛形達到了更高層的境界，科學的基督教看到了整個宇宙的顯現，它用永恆的榮譽照亮了時代。」

我只是摘錄了這本「優秀文學」中的兩章。

任何試圖理解這種印刷品的人都離進布魯明戴爾瘋人院不遠了。你或者把它扔到一邊，或者全盤接受。閉上你的雙眼，用思想來閱讀它，用嘴唇默念，像牧師在普爾曼式客車的吸菸車廂閱讀他的祈禱書那樣，讓思想沸騰。然後這個問題出現了：「艾迪夫人居然寫出這樣的著作，她是認真的嗎？」

答案是：「她當然非常認真，同樣她也是神智清醒的。她是一個誠實的女人，除了財務和事業，她在其他方面並不是一個思路或邏輯十分清晰的思考者，因此在闡述哲學時她並沒有表達得十分清晰。為了寫出通俗易懂的作品，人要能清晰地進行思考。艾迪夫人對文學價值沒有任何概念，

---

[197]　17 世紀在塞勒姆有 19 人被指認為巫師，受到不公平的審判，最後被絞死。

她也缺乏幽默感，而幽默是能以小見大的一種能力，它能從一個正確的調試之中察覺出錯誤。」

文風代表著品味，但人類普遍缺乏風格、品味以及幽默感。這個世界只存在為數不多的偉大思想家，其中之一就是達爾文，艾迪夫人在《科學與健康》中用責備的語氣提起過這個名字。偉大的作家甚至比思想家更為稀少，因為作家不僅要能清晰地思考，還要能熟練地使用正確的詞語，整理段落、標注標點，讓大眾能夠明白他要說的東西。但說艾迪夫人不是思想家也不是作家，並不是在控訴這個女人，不過這也許能反映她在人們心中的地位。

聲稱有兩百萬人在閱讀艾迪夫人的書籍，這並不能證明任何事情，因為數量並不代表什麼。有超過一億的人都曾親吻過矗立在羅馬的聖彼得（Saint Peter）的腳指頭。

毫無疑問，羅馬天主教教堂中有大批受過高等教育的人。但是，人不知道的事情就是不知道。艾迪夫人對文風一無所知，對文學藝術也一無所知。她的詩作和散文寫得比普通人還差。我讀過的所有所謂優秀文學的作品都是胡言亂語，我見過的所有所謂優秀的畫作都只是塗鴉，但我們不該因為一個人的局限性而責備那個人。

許多在一些領域中十分偉大的人，就會幻想他們在另一些領域中也是如此。馬修・阿諾德是一個偉大的作家，他也認為自己是一個偉大的演說家。但在演講時，他的話語就直接落在舞臺的腳燈上方，連第一排都聽不到。大多數的演員都想表演《哈姆雷特》（Hamlet），認為自己能唱歌的女孩們總是試圖大聲歌唱，她們的親屬們都極力地鼓勵她們，這給她們帶來了一種幻覺。

艾迪夫人認為她能寫作，不幸的是，那些讀不懂她作品的人們，用他們的掌聲讓她對此更為確定，這種肯定讓他們增加了自己的局限性，但和艾迪夫人無關。他們透過重複艾迪夫人給出的建議而獲得成長。艾迪夫人關於耶穌的類似想法之前從未有人關注過，而艾迪夫人首次對此做出了解讀──她絕對沒有神經失常。史威登堡（Emanuel Swedenborg）是一位國家工程師及一位數學家，他撰寫了四十本幾乎和《科學與健康》一樣隱晦的書籍。如果你寫得足夠蠢，那麼就會有某人扔掉自己的帽子大喊：「太棒了！」而其他人則會紛紛效仿。詹森博士認為，吹捧一本書要比閱讀並理解它更加容易。用教堂中會眾不懂的已消亡的語言或是外語為他們閱讀的習慣，從未引發過聽者的普遍反對。而唯一注意到這種不協調的譏諷者並不在此列，因為他們從不參加這種集會。

可以和閱讀用已消亡的語言書寫的書籍一較高下的，是閱讀不知所云的作品。這種讓聰明人讀起來不會費神，且美化得當的作品，會讓人感到平靜和舒心，如果它沒有提出什麼思想，那麼至少也賦予了人們一種情感。艾迪夫人在文學上的成功造詣，便得益於她思想上的混沌不清和表達上的晦澀難懂。

如果她寫得足夠好，那麼每個人都會看到她的好，而毫無章法和依據地亂寫讓我們被她無與倫比的自信所折服。人類身上最突出的特點就是惰性，我們認為它比爭鬥更為突出。我們想要獲得健康，而健康就是艾迪夫人所給予我們的東西。因此，《科學與健康的解經之鑰》就是世界上最偉大的書籍。太天真了！為什麼不是呢？確實如此！

人們在艾迪夫人的書中尋找慰藉，就像他們之前去看醫生一樣。

除了身體上的健康，艾迪夫人還給予人們歡樂、希望和成功，甚至還

有卓越的頭腦。看著這些基督教科學教派所給出的實例，人們會心甘情願地接受這本書，完全不在其推理方式上費神。溫加尼亞是一個非常偉大的商人，他不滿足於只是擁有全國最大的店鋪，還想擁有全宇宙最大的店鋪。事實上來自高處的批評對他來說完全就是過眼雲煙，根本無法讓一個忙碌的人對此有所注意，這僅僅顯示出了人類的局限性。

造就一個行家的代價是十分高昂的，他在收買大眾及雇員的人心方面非常高明、圓滑並且睿智，就不要再期待他還要知道並熱愛華特‧惠特曼了。這種成功的商人在某些方面就是一個絕對的暴君，但他也有很多討人喜歡的特質。為什麼要有人質疑自己無法理解《聖經》所講述的事實呢？

他深信《草葉集》（*Leaves of Grass*）是一本淫穢書籍，從不讀這本書；他終生都在閱讀《聖經》史書〈撒母耳記下〉（*2 Samuel*），但卻對第 3、11以及 13 章的內容一無所知。如果任何人暗示大衛是個不完美的人，且所羅門也許並不是從古至今最為睿智的人，他就會報之以一個憐憫施恩的微笑。他暴躁地問道：「不過那又有什麼區別呢？」為他工作的人必須聽從於他，或者保持沉默，就像他們完全相信一樣。我們經常會聽到人們反覆公開表達對耶穌的愛。其實，這種愛無法長久，它在對戰爭的狂熱、守財奴的貪婪和對權力及復仇的渴求中被輾轉傳遞了下去。

在一個人的手已經握著劍柄，雙眼盯著你的喉部時，根本沒有必要再說什麼正義。人們在戰時違反了《十誡》中的所有條目，《紐約晚報》（*The New York Evening Post*）指出了一個引人注意的事實，那就是海牙國際和平會議中的與會代表十個裡面有九個是無神論者。一般來說，正統的基督教就代表著戰爭以及死刑。我們要如何解釋這些自相矛盾的問題呢？

我們並不用去解決：它們只是人類片面發展中所存在的事實。為什麼

百萬富翁就能優先讓耶穌記住這種問題，沒人可以理解，除非反其道而行之。艾迪夫人和上文中的這位商人大亨一樣精明老道，她是同時代最為偉大的女將軍，擁有所有成功領導者所必需的特質。

她非常獨立、驕傲、自大、急躁、果斷、頑固、精明、圓滑，而且睚眥必報。

有時她只是對批評她的人投去短暫的一瞥作為回應，沒人能夠命令她，也鮮有人在她面前提出任何建議。要想感動她，你就得讓她認為這件事是她自己發現的，這樣才能引起她的注意。當然所有的功勞都是她的，所有基督教科學教派的教堂都是靠她的著作建成的，她的名字影響了每個人。「除了我以外，你們不可有別的神。」這是她耳提面命的一條指令。她的指令中還有這樣一條：無論何時發表她的一篇讚美詩，都必須且永遠不變地聲明這是瑪麗‧貝克‧艾迪的作品。「學生」給出的證言永遠是極度的讚美和諂媚的恭維，「獻給我們神聖的導師，我們的嚮導和典範 —— 瑪麗‧貝克‧艾迪」。全能的上帝和耶穌在所有基督教科學教派的教會中只屈居第二。

在此我不願評論是否艾迪夫人只認為耶穌是歷史上的一個偉人，且「上帝」只是一個代表「自然界中至高智慧」的抽象詞語。但對她來說，上帝和耶穌都是著書立說的人。她屢次謹慎地解釋說，自己的治療方法和耶穌所使用的幾乎是一致的。祂的箴言和她的並肩而立，在《科學與健康》中可以看到改頭換面的《聖經》章節。如果它們只是文學作品，那就無可厚非，但現在我們被告知它們都是「神聖的」命令，且「膽敢否定或質疑它的人就要入地獄」。這讓我們對這位無比自我的女士佩服得五體投地。完全沒有必要為這種事情生氣，就讓我們都微笑吧。顯然瑪麗‧貝克‧艾迪和耶穌在想像力方面倒頗有些類似的地方，耶穌是拿撒勒卑微的農民，

一個共產主義者，一無所有卻奉獻一切。他不帶便條，也沒有錢包，他從不寫作。他與眾不同的特質是對位置、錢財和權力的漠不關心。艾迪夫人對權力的熱愛是她生活的主要動力，她討價還價的本事無人能敵，她訴諸法律，請求法律援助的手法是十分現代的，她把所有文章和版權都歸為已有的方式也表現出了她的本性。這種對自我權力的猜疑和對利益的保護是她生命中不可質疑的特徵，這讓她和耶穌完全對立起來。

不過，歷史上的確曾經有過一位和艾迪夫人性格相似的人物，那就是尤利烏斯·凱撒，他接受了教士的教育，並成為了一名神父，在踏上戰爭和政治的冒險之旅前，還曾是羅馬的教宗。艾迪夫人信仰自我，她的決斷力、敏銳的直覺、簡樸有序的生活、對權力的渴望以及樂於成為作者的特點，全都為凱撒這個名字賦予了名望。

日曆的發明者曾要求它被稱為「尤利烏斯曆」，人們的確採用了這個名字，甚至時至今日還是如此。有一次卡萊爾（Thomas Carlyle）和盲牧師米爾本（William Milburn）坐在一起吸菸，他們之前一直在討論耶穌的歷史是否屬實，然後他們就靜靜地坐著吸菸。最後，卡萊爾把菸灰彈得四濺，像是自言自語又像是對米爾本說道：「啊，一個偉大的人，一個偉大的人——但是他也有自己的局限性！」同樣的評論也可以用在艾迪夫人的身上。而卡萊爾所提到的這一點，就是耶穌和艾迪夫人唯一相同的地方。

艾迪夫人無與倫比的機敏和對事業的熱情在「基督教徒」和「科學」這兩個詞的使用中顯露無遺。「解經之鑰」這幾個字尤其吸引眼球，且牛津版的裝訂無疑是非常具有洞察力的成功商業案例。毫無疑問艾迪夫人應得到我們至高無上的敬意，至少她絕對是一個偉大的商業天才。

約翰・亨利・紐曼（John Henry Newman）[198] 皈依天主教時給出了自己做出這個決定的原因，那就是他沒有在文學和藝術裡找到能讓他的頭腦休憩的地方，而他沒有發現休憩之地的回報就是得到主教的紅帽子。

就讓艾迪夫人的追隨者們心安理得地追隨他們至高無上的偉大導師吧，她認為亞當是上帝創造的，而夏娃是用亞當的肋骨做成的；約書亞（Joshua）[199] 命令太陽靜止，於是它就服從了，雖然其實他應該命令地球靜止而不是太陽；死去的拉撒路在屍體已經腐爛後再次復活；巫術是自然界存在的一種現象；嬰兒的出生只需雙親中的一位，這種方式稱為「單性生殖」。

在歷史的長河中，這些前後矛盾的謬亂隨處可見，它們和偉大明智的思想並肩存在。

艾迪夫人向世人證明，健康和幸福是擺脫醫生的必然結果，這激起了醫學界的嫉妒，當她又說處女母親會成為趨勢時，更是引起了軒然大波。

聖奧古斯丁（Saint Augustine）[200] 和大多數早期的牧師都認為，如果做壞事能帶來益處，那麼它不僅是合法的，還應受到高度的讚揚。於是他們向萬分驚恐的人們宣揚聖徒文學，將他們趕上了操行端正這條羊腸小徑。

查普曼（Robert Chapman）、亞歷山大、基督教會領袖叨雷以及比利・桑岱和大多數專業的福音傳道者都相信這個學說，並身體力行地進行實踐。

文學道德起源於希臘，但直到近兩百年才顯露出來，且極為稀少。

---

[198]　19 世紀英國著名教育家、文學家和語言學家，是自由教育的宣導者。

[199]　摩西死後，神選立約書亞為以色列民的首領，繼續摩西的工作，將百姓帶進迦南地。

[200]　著名的神學家和哲學家，奧斯定會的發起人。他的著作《懺悔錄》（*Confessions*）被稱為西方歷史上第一部自傳，至今仍被傳誦。

有文學道德的作品只代表事實，它拒絕為其他目的而寫作，並蔑視此類作品。

有藝術道德的作品則和有文學道德的作品一樣，它拒絕受僱於人或是只為了模特而存在。歌劇家華格納、畫家米勒（Millet）和林布蘭（Rembrandt）、設計師威廉·莫里斯以及作家羅斯金（Ruskin）都是個中典範，他們一無是處，卻能創造出最偉大、最有創造力的作品，且拒絕討好唯利是圖的大眾。這種人或許沒有什麼商業頭腦，而有的人卻能在生活中表現得十分道德，但在寫作和言論上卻十分草率。

艾迪夫人沒有任何文學道德，格萊斯頓在《北美評論》（*The North American Review*）上對英格索爾的回應[201]也是如此，充滿了不合邏輯的詭辯和藉口。格萊斯頓對絕對的真理根本不感興趣，以權謀私就是他的宗旨。真理對艾迪夫人來說也無關緊要，最為重要的就是《健康與科學》。毫無疑問，《健康與科學》是偉大的作品，值得人們擁有，但我情願擁有能表達真理的它。如果你塞住我的嘴，鎖住我的筆並大喊：「信我，你就會擁有健康。」我會回答：「賜予我自由，否則就讓我死去！」基督教科學教派的教徒會要求你購買艾迪夫人的著作《科學與健康》。

當你接過這本書時，他們會承諾如果你相信這本書中的字句，你就會得到健康，獲得成功。但如果你不相信，你就會有變成「道德上的白痴」的危險。

這是老一套的伊甸園承諾和地獄威脅的說法，我仍然會拒絕接受這本書。

史蒂芬·吉拉德（Stephen Girard）[202]是一個偉大的商人，他對真理懷

---

[201] 指兩人在《北美評論》上展開的關於基督教的辯論。
[202] 法裔美國金融業者、慈善家，為失怙的男孩創辦吉拉德學院。

有一種偉大的愛，但如果他做過零售生意，那麼他對真理的熱忱或許會發生些許變化。

　　一般來說，世界上的人可分為兩部分：現實的人和探求真理的人。通常後者除了自己的腦袋，都沒有什麼可擔心的。斯賓諾莎[203]、伽利略（Galileo Galilei）、布魯諾（Giordano Bruno）、湯瑪斯・潘恩、華特・惠特曼、亨利・大衛・梭羅以及布朗森・奧爾柯特（Bronson Alcott）[204]都是這種類型的典範。之後又湧現出了狄奧多・帕克以及拉爾夫・沃爾多・愛默生，他們受到神職人員的排擠、受到自己母校的白眼，並得到大眾的同情，但仍然追隨著真理的方向。

　　真想不到！他們居然也變得富有了。如果他們當時為了確保安全而緊緊貼住海岸，那麼就會被世人遺忘，淹死在淺灘之上。

　　只要安逸、簡單並且受到大眾歡迎的東西，就會被某些人緊緊抓住不放。毫無疑問這些人並不是傻子──他們相當擅長自己的那一套，並且它也十分管用。他們發現迷信能給人以慰藉，讓人不用費神去思考，這樣他們就可以把所有的精力都投入到事業之中了。

　　對他們來說，宗教是轉移社會視線的一種手段，它為大眾提供了得到拯救的機會。在從事商業活動時他們可一點都不懶，但在宗教方面他們卻惰性十足。林肯曾說過，只有一件事，也是唯一一件全能的上帝無法理解的事，那就是一位聰明的美國陪審員的腦子是怎麼運轉的。

　　赫伯特・史賓賽認為，艾薩克・牛頓（Isaac Newton）爵士是世界上教

---

[203] 斯賓諾莎（Baruch de Spinoza），荷蘭哲學家，後改名為班耐狄特斯・斯賓諾莎（Benedictus de Spinoza）。西方近代哲學史重要的歐陸理性主義者，與法國的笛卡爾（Rene Descartes）和德國的萊布尼茲（Gottfried Leibniz）齊名。

[204] 美國哲學家、教育家。他是超驗主義運動的領導者，影響了19世紀哲學思潮和教育改革的方向。

育程度最高的六個人之一，他是第一個分析光組成成分的人。伏爾泰認為牛頓發現萬有引力定律後激起了科學界的嫉妒。

「但是，」伏爾泰又加了一句，「當他寫了一本關於《聖經》預言的書之後，科學界的人更是把新仇舊恨算到了一起。」艾薩克·牛頓爵士為《聖經》的啟示辯論，他是英國國教的忠實成員。詹森博士去市中心，如果每經過十根籬笆樁時，沒有在第十一根上面敲一下，那麼他就會一整天都不高興。

偉大的法律評論家布萊克史東（William Blackstone）相信巫術，他引用《聖經》篇章來證明自己的信仰：「行邪術的女人，不可容她存活。」而這句話只是證明摩西參與了迷信活動。英國首席法官馬修·海爾（Matthew Hale）爵士也是如此。

布萊克史東是一個偉大的政治家，但是他卻和瑪麗·貝克·艾迪一樣，相信《聖經》中關於創造天地的描述。約翰·亞當斯[205]是一個反對奴隸制度的政治家，同時也是個虔誠的牧師，以向世人灌輸宗教信仰維生。

富蘭克林和傑佛遜在政治和神學方面都是專制統治的反對者，但他們卻對放血螞蝗和藥劑師非常仁慈。赫伯特·史賓賽在宗教、政治、經濟以及社會學方面都可以不受束縛地進行獨立思考，但他卻一無所有，經常泡在俱樂部中打撞球、抽雪茄。他從來不知道身體健康為何物，也不知道自己所有廣博的知識到底是怎麼回事。在歷史上，我們可以看到，暴力和溫柔、無知和睿智、愚蠢和精明可以同時存在於同一個人身上。

人性的一個共性就是矛盾。想要對它進行描述就是白費力氣，我們只是知道它存在而已。

---

[205] 約翰·亞當斯（John Adams）是湯瑪斯·傑佛遜所組成的《獨立宣言》起草委員會的成員，是美國第一任副總統，後來又當選為總統（1797 － 1801 年）。曾被譽為「美國獨立的巨人」。

艾迪夫人這樣大膽的宣言，創造了一種令人信服的推動力。

這個女人信仰自我，同時她也信仰權力，並為之而戰。她拒絕承認超自然事物的存在，但不是透過否定「奇蹟」來證明這一點，而是認為《聖經》中所謂的奇蹟都真的發生過，並且是非常自然的。一切都是按照自然法則來進行的，它就是神律。而解釋神律就是她特有的工作，於是她贏得了那些身體過於虛弱而放棄了儀式和形式的理性主義者的心。

基督教科學教派並不是一個充滿爭鬥、壓力和抗爭的宗教。放鬆一些，讓神擁抱我們的身心，不是要比坐在鐵柵欄上高聲辱罵過往的行人更好嗎？畢竟，把女影星梅‧歐文（May Irwin）的座右銘「不要爭論」當作一條工作箴言，也不算是什麼壞事。

所有的基督教派都非常相似，它們的不同之處是微乎其微的，只有那些深入其中的人才能分辨出來。馬丁‧路德只是讓羅馬天主教的表達方式變得更加溫和而已，他並沒有改變它的本質。

班傑明‧富蘭克林宣稱，他無法說出天主教和聖公會的區別。基督教科學教派完全背離了其他的宗教教派，但卻仍然宣稱自己是基督教派，這可真了不起。如果它是基督教派，那麼正統的基督教派就不算是基督教了。

基督教科學教派從根本上與正統教派產生了分歧，因為它將耶穌的權力分給了瑪麗‧貝克‧艾迪，並斷言耶穌不是「唯一的救世主」，而是救世主之一。

這也是湯瑪斯‧潘恩和其他所有的激進派所處的位置。基督教科學教派將艾迪夫人的作品和《聖經》擺放在一起，並沒有任何其他教派著述指出，這本書是解釋《聖經》的必備作品。沒有任何教派曾讓某人和耶穌平

起平坐，只有無信仰者、無神論者、或是自由思想者才會如此。

　　基督教最終被自己人在自己的地盤上殺了個措手不及。眾所周知，基督教一共分兩種：一種是那位拿撒勒人所教導的教派，另一種則由分門別類的其他教派所組成。它們手中握著價值數以百萬不用繳稅的財產，它們舉辦儀式就是為了展示自己的財富和昂貴的女帽。

　　一種產生於一個無處安放自己頭顱的人，另一種則來自於羅馬的異教徒，且至今仍在壯大它的異教陣容。基督教科學教派既不是前者也不是後者，而這句既不是基督教也不是科學教派的玩笑話，卻是一句實話。基督教科學教派是現代教派的典範，它集耶穌的簡樸及苦行主義、班傑明·富蘭克林的哲學知識、史威登堡的神祕主義以及羅伯特·英格索爾勇於昭告天下的優點於一身。這是一種否認物質存在的宗教斷言。

　　它是現世的一種宗教，耶穌是一位憂患之子，但瑪麗·貝克·艾迪是一位安樂之女。

　　全人類都知道，要為即將到來的重生做好萬全的準備。如果真要做準備，那也應該為今生做好準備。基督教科學教派正被越來越多的人所接受。

　　正統的基督教派日漸衰退的原因是它太過執著於「此生的工作都是為來世打基礎，自然是一個誘使我們墮落的騙子」這種理論。艾迪夫人將新想法注入到了舊思想之中，讓它變得更加易於接受。所以基督教科學教派能在二十年中橫掃全球，最後只剩下唯一的一個對手：羅馬天主教信仰。

　　正統教派頑固、盲目、笨拙、衰老並且變得蹣跚——送葬人就在門口。事實上，正統教徒關於自己在為死做準備的舊思想，的確是真的。

　　送葬人的名字和地址被貼在了城市教堂的前面，微小到不會引起他人

的注意。送葬人是牧師的合夥人，他現在還取消了自己的宣言。基督教科學教派並不是最後一個教派，在經過了如日中天的時期後，另外一個宗教會隨之而來，那就是理性的宗教 —— 艾迪夫人自己在生活實踐中所發現的一種晦澀的宗教。

　　對於她的追隨者們來說，她給予了他們一本宗教之書 —— 實際上是兩本，《聖經》和《科學與健康》。他們想要廟宇、組織團體以及宗教儀式。

　　於是她給予了他們這些，就像醫生給需要吃藥的病人喝糖水一樣。似乎是為滿足熱忱的、從正統教派皈依的信徒，她建造了非常精緻的教堂，它甚至可以和威名遠播的威尼斯的安康聖母教堂齊名。就讓他們想去吧！他們的血管裡流淌著異教徒的血 —— 他們甚至想去崇拜她！

　　就讓他們繼續如此吧，最後他們就不會想在廟宇裡或是某座山上祈禱了，他們會想在心靈和真理之中祈禱，就像艾迪夫人 —— 這個世界上最為成功的女人所做的那樣。

　　基督教科學教派就是正統的基督教派，它摒棄了醫術崇拜以及相信罪行、疾病、死亡和最後審判的信仰所帶來的恐懼，它使得人生歡樂、健康、美好。醫生就是所謂理性的基督教派保留下來的變相的魔鬼，而醫院就是地獄的另外一種形式。

　　我希望基督教科學教派能夠成為一個理性的宗教，而不是像現在這樣，是一個由一人掌控的機構，或是一個權威至上的宗教教派。迷信色彩是其快速發展的強大因素 —— 它就是激流勇進必不可少的能量供給。

　　現在這艘船能越快獲得自由越好。基督教科學教派的教徒們如果繼續被修訂者的條例和強制性的指令所束縛，那他們將無法獲得更多的成長。必須去掉所有的束縛，只保留好的東西。

基督教科學教派帶來了好消息，而好消息總是和治療有關。艾迪夫人用一種新的思想讓她的病人們得以重獲活力。那就是和諧的思想，否定疾病，堅信上帝是善的，生命是美好的。以此獲得的活力自身具有最為強大的科學治癒原理。生命在愛中誕生，歡樂能夠預防疾病。基督教科學教派對信徒們來說就是一束強光。他的血液循環變得正常，他的肌肉得到了放鬆，神經也鬆弛了下來，消化能力恢復了，病根被去除了 —— 這個人康復了。

　　恐懼曾充斥在身體的各個器官之中 —— 愛和信仰現在以一種自然的態度撫遍全身，代替了它們的位置。病人痊癒了，不存在任何神祕或奇蹟，一切都那麼簡單。

　　讓我們摒棄那些奇怪和神祕的信仰吧！基督教科學教派組織才是最適合我們的。作為智慧的寄託，《科學與健康》是必不可少的，它是搭建大廈的鷹架，但這位鷹架專家卻弄錯了大廈的建材。

　　真理永遠都不會成為一條固定的準則，同樣，真理也永遠不會被學說和專家所壟斷。最後人們會移除這些標籤和鷹架，而那些無用的儀式和形式也不得不離開。

　　我們會真實地活著，而不是空談真實。在基督教科學教徒中，沒有酒鬼、乞丐或是賭徒，同樣也不存在病人。對他們來說生病就是一種恥辱。

　　正統的基督教徒會生病，並且會很高興他們的牧師前來拜訪，准許他們獲得醫生和鄰居的探訪。艾迪夫人從來沒有遵守過《聖經》中禁止拜訪病人的命令 —— 她總是自己決定要遵守或是放棄哪些命令。

　　她會在精神上詮釋那些她不喜歡的命令，或是直接略過它們。《聖經》中關於人的生命十分短暫並且充滿麻煩，同時還聲稱人類在情緒激動

時容易變得邪惡的篇章，都被很好地掩蓋了。

　　基督教科學教徒和大多數人一樣了解保持健康要遵守的規則。他們比大多數人更強大的地方就是，他們會遵守這些規則，從而避免遭受疾病的羞辱。他們讓疾病變成了一種禁忌，還讓它變得荒謬。

　　當事情開始變得荒謬和反常，我們就會摒棄它們。不受歡迎能讓人們做到依照邏輯永遠無法做到的事情。基督教科學教派教徒們的推理方式是糟糕的，但他們的直覺是對的。

　　在否定物質存在的同時，世界上沒有任何人能像他們這樣精明，震教徒有可能是例外的一群人。銀行帳戶的存款對基督教科學教徒來說並不是空洞的理想，它就像耶穌會會士說過的謊話那麼多 —— 在遇到麻煩時是非常及時的幫助。對他們來說，對生活太過大驚小怪以及談論死亡才是罪行。做你想做的事情，忘掉罪行這回事吧。停止談論天氣、夜間的空氣以及瘴氣。

　　不管你是否了解基督教科學教派的教義，它們都是反對徵募和微生物的證據。吃你想吃的東西，但不要過量，保持節制。基督教科學教徒在工作中得到快樂，這在本質上是健康的。他們深呼吸、適度進食、勤洗澡、勤奮工作，還經常微笑。這都是非常科學的，沒人會對此產生質疑。

　　從來沒有哪個醫療機構能製造出與工作和好心情相媲美的預防藥物，沒有哪個宗教系統能和艾迪夫人一樣，給出用工作來獲得健康、幸福以及成功的方法。醫學科學只是一種辯解的科學。

　　基督教科學教徒避開病因，然後才能保持健康。

　　沒有什麼是藥物帶來的活力，大自然能夠治癒一切 —— 只要遵從她。只需遵守一些簡單的規則就能獲得健康，而在完全遵守的情況下，這

些規則很快就會變成一種良好的習慣。幸運的是，我們並不需要監督自己的消化能力、循環系統、皮膚組成的數百萬個毛孔的運轉情況，或是神經的活動情況。對自己的消化系統大驚小怪以及認為自己擁有不同尋常的神經系統的人只是有些「神經兮兮」罷了，並且更適合不要這些系統。

「我這邊有點痛。」一位沒錢請醫生的女人說道。她只得到了一個簡短的建議：「忘記它。」獲得健康的習慣之一就是忘記疼痛。

這就是基督教科學教派的精髓所在，精神態度控制著人的身體，幸福與健康是等價的。沒有魔鬼，只有恐懼。一個人如何思考決定了他的為人怎樣。

智者足跡，跨越時間和地域的教育之旅：

民族領袖 × 至聖先師 × 西方哲學奠基者 × 現代學前教育鼻祖……從古至今的知識追尋，遍訪不可遺忘的歷史啟蒙者！

作　　者：[美] 阿爾伯特·哈伯德（Elbert Hubbard）

翻　　譯：孔謐

發 行 人：黃振庭

出 版 者：崧燁文化事業有限公司

發 行 者：崧燁文化事業有限公司

E-mail：sonbookservice@gmail.com

粉 絲 頁：https://www.facebook.com/sonbookss/

網　　址：https://sonbook.net/

地　　址：台北市中正區重慶南路一段六十一號八樓 815 室

Rm. 815, 8F., No.61, Sec. 1, Chongqing S. Rd., Zhongzheng Dist., Taipei City 100, Taiwan

電　　話：(02)2370-3310

傳　　真：(02)2388-1990

印　　刷：京峯數位服務有限公司

律師顧問：廣華律師事務所 張珮琦律師

定　　價：350 元

發行日期：2023 年 11 月第一版

◎本書以 POD 印製

Design Assets from Freepik.com

國家圖書館出版品預行編目資料

智者足跡，跨越時間和地域的教育之旅：民族領袖 × 至聖先師 × 西方哲學奠基者 × 現代學前教育鼻祖……從古至今的知識追尋，遍訪不可遺忘的歷史啟蒙者！ / [美] 阿爾伯特·哈伯德（Elbert Hubbard）著，孔謐 譯. -- 第一版. -- 臺北市：崧燁文化事業有限公司，2023.11

面；　公分

POD 版

譯　自：Little journeys to the homes of great teachers.

ISBN 978-626-357-822-7(平裝)

1.CST: 教育家 2.CST: 世界傳記

520.99　112018151

電子書購買

臉書

爽讀 APP